Prinzessin & Märchen

Jumbo Malbuch

Coloring Pages for Kids

Coloring Pages for Kids
An imprint of Ciparum LLC

Prinzessin & Märchen Jumbo Malbuch
© 2017 Ciparum LLC
All rights reserved.
ISBN-10:1-63589-520-0
ISBN-13:978-1-63589-520-9

Coloring Pages for Kids

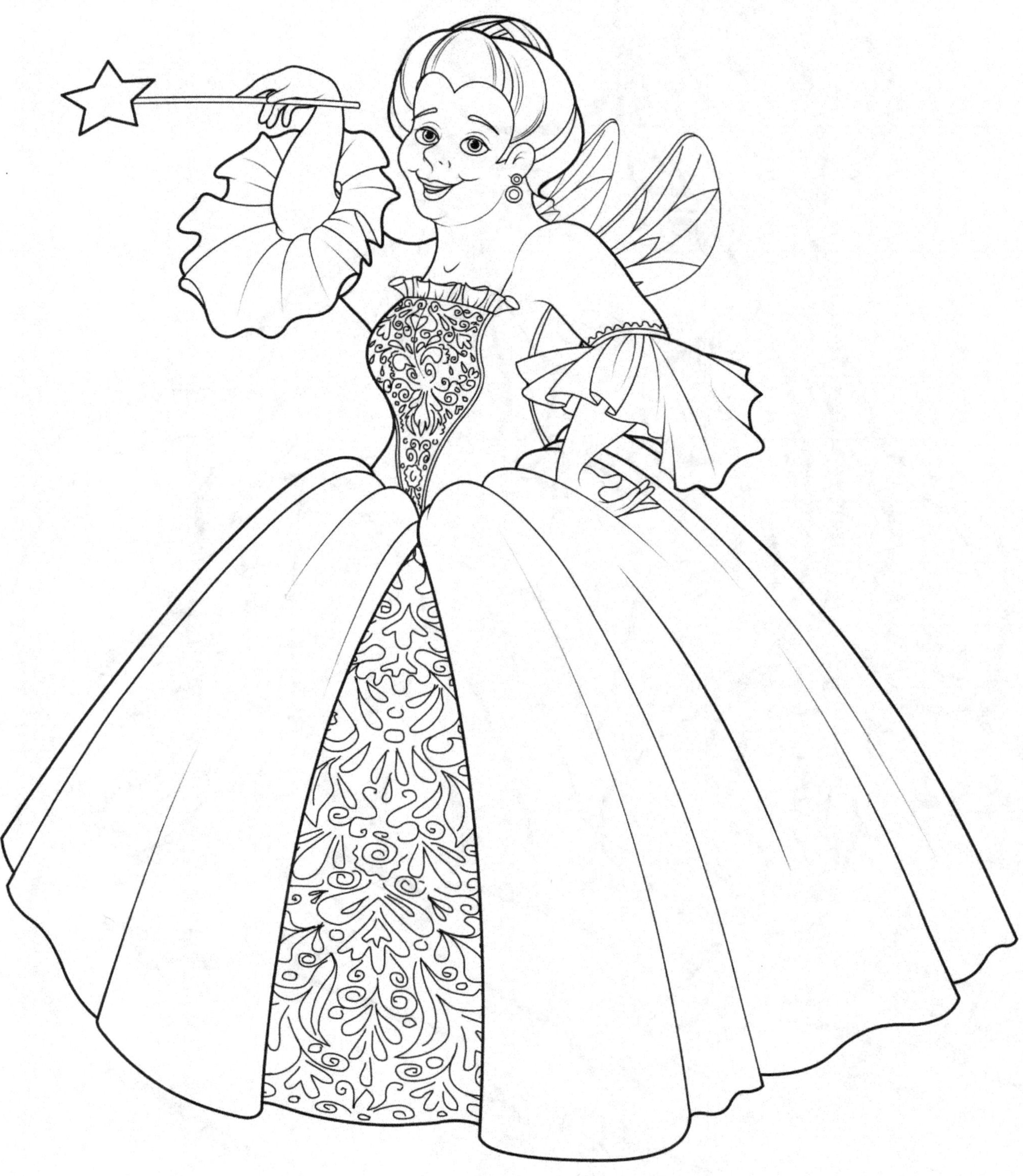

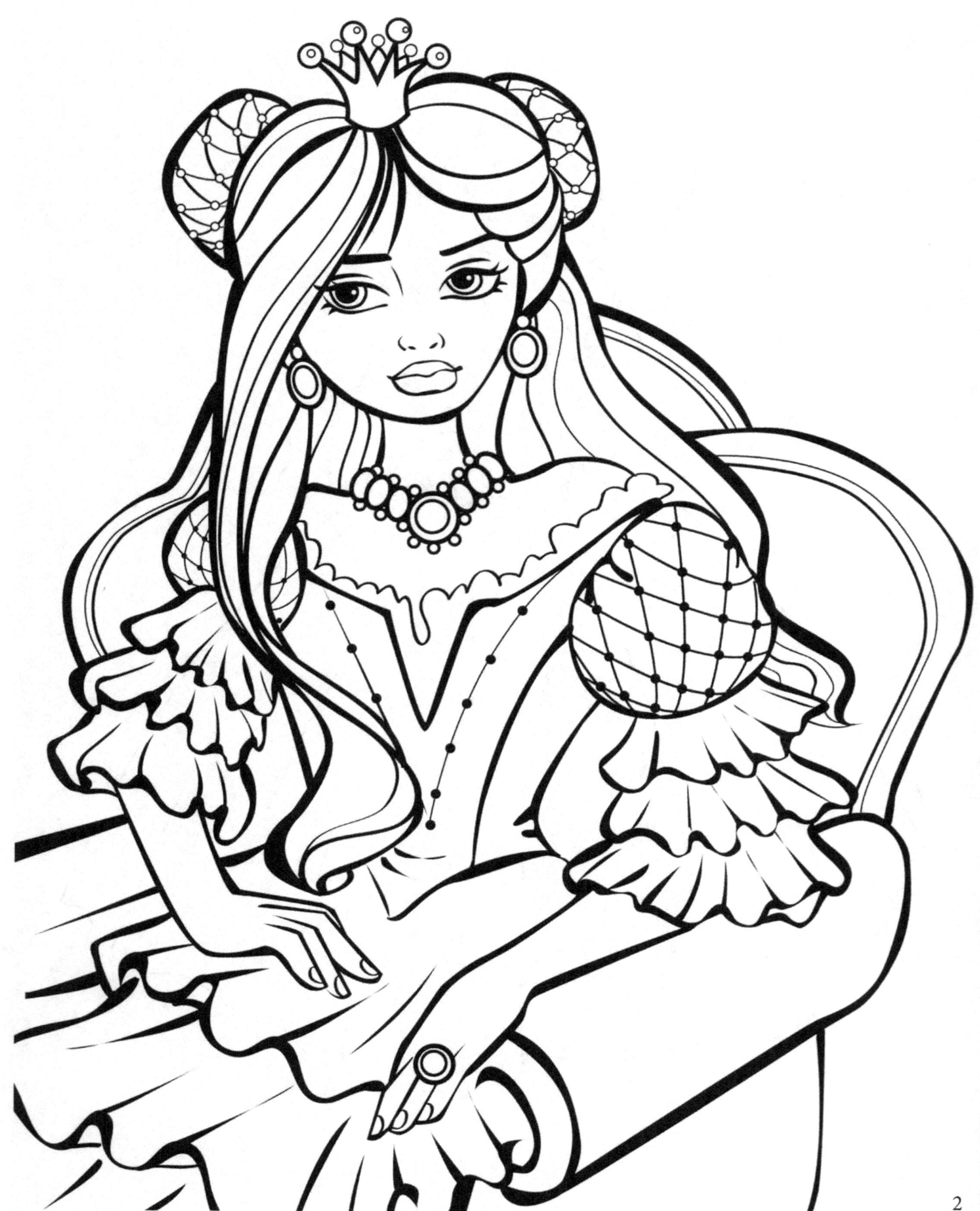

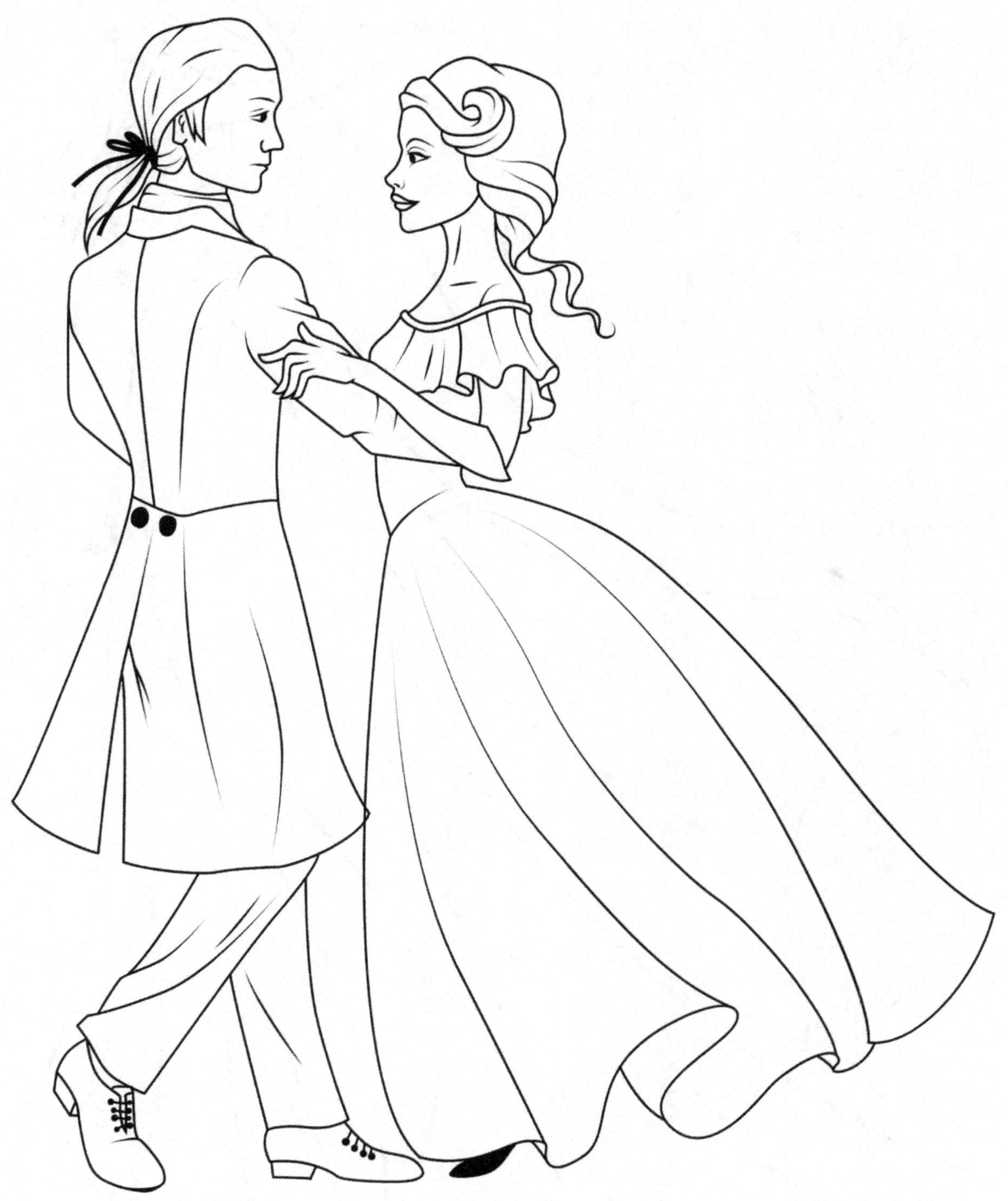

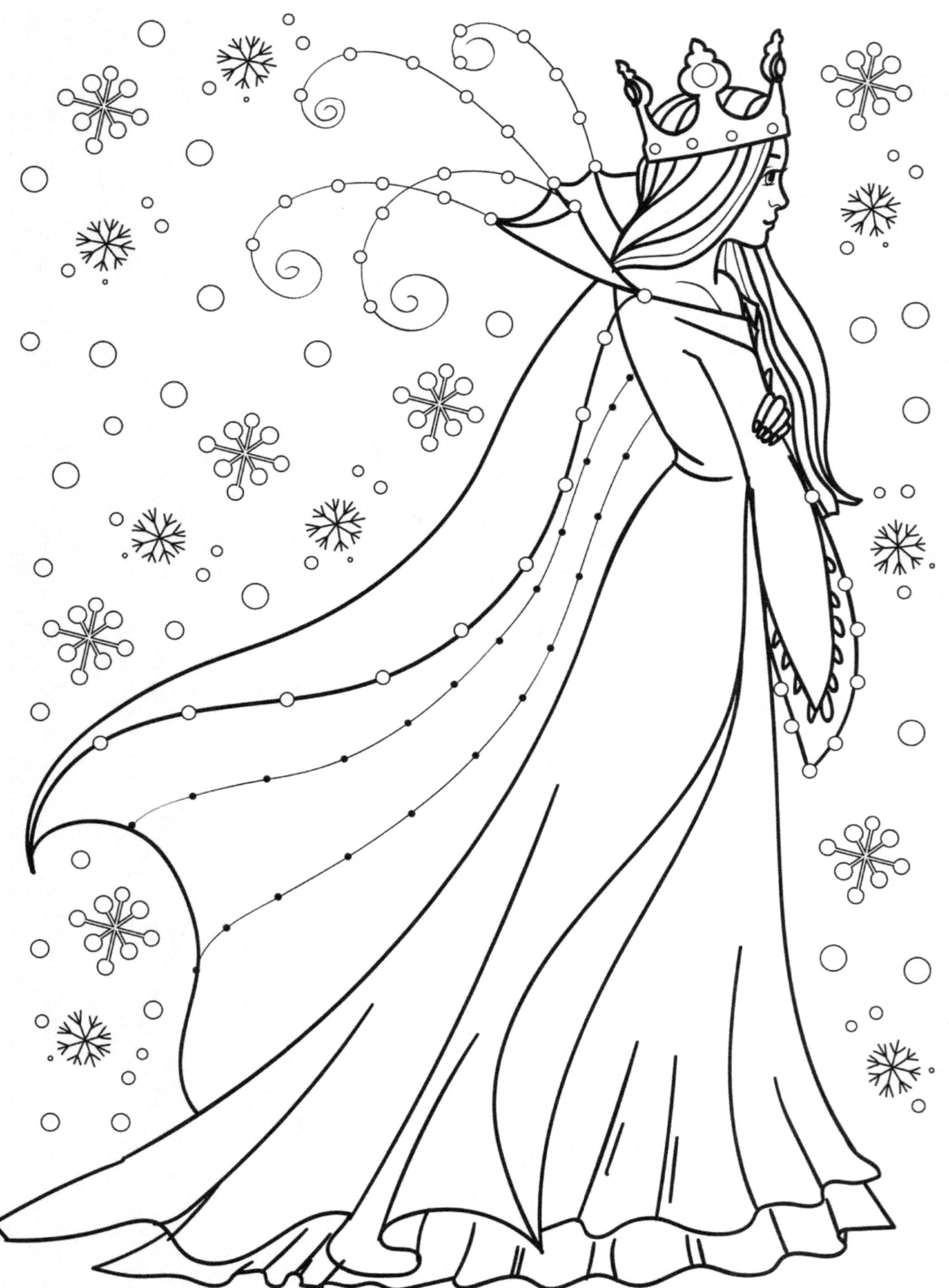

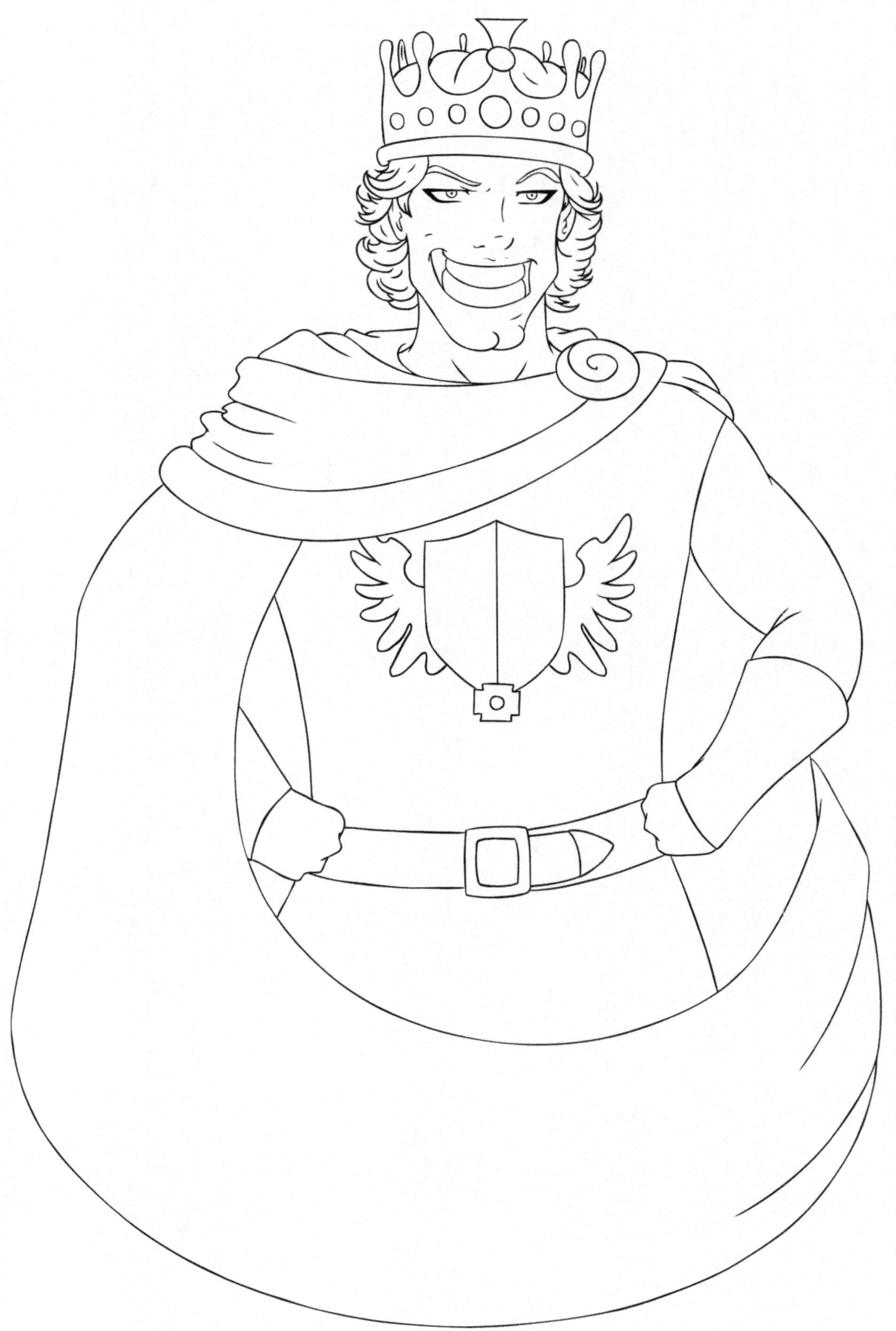

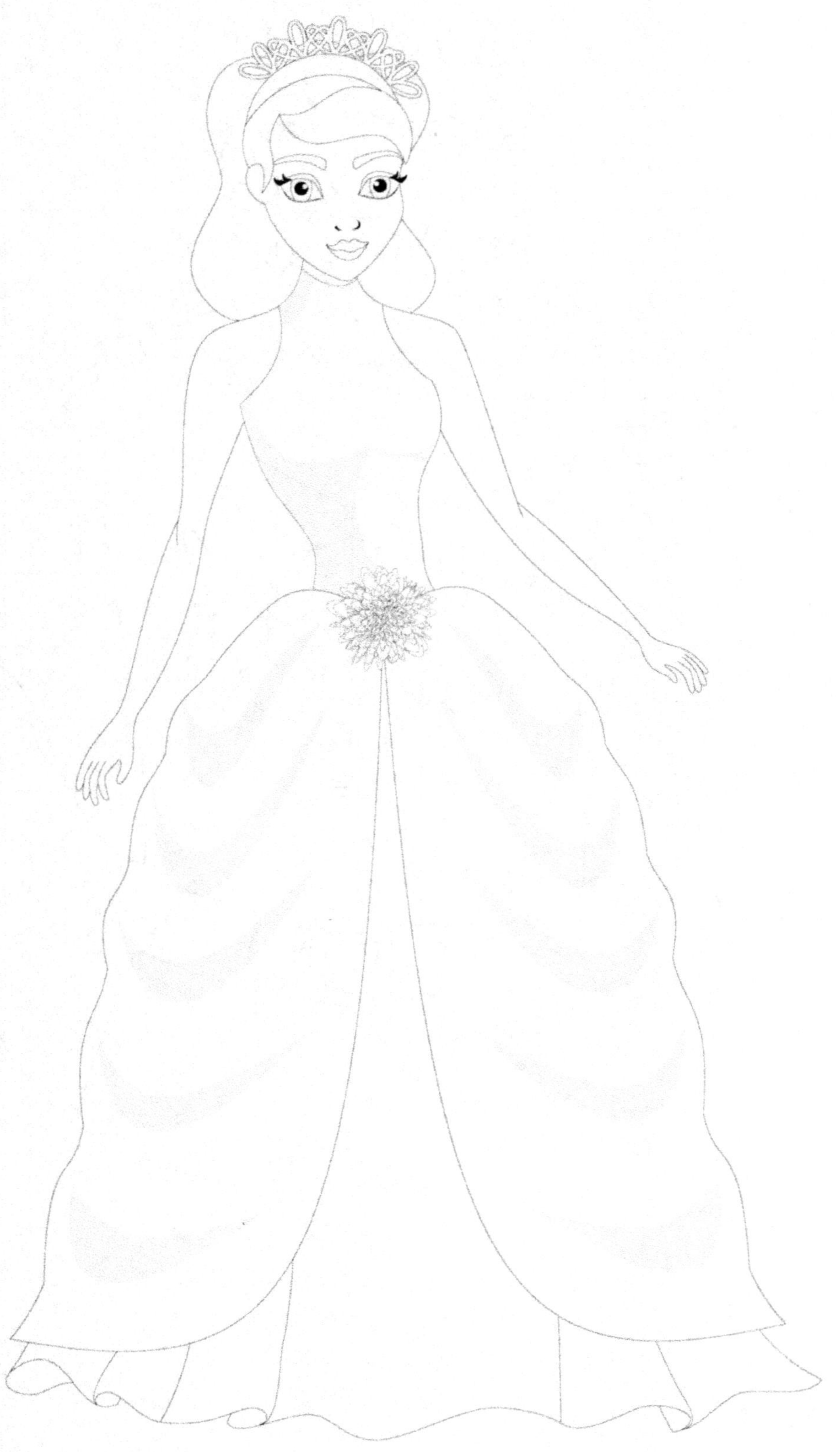

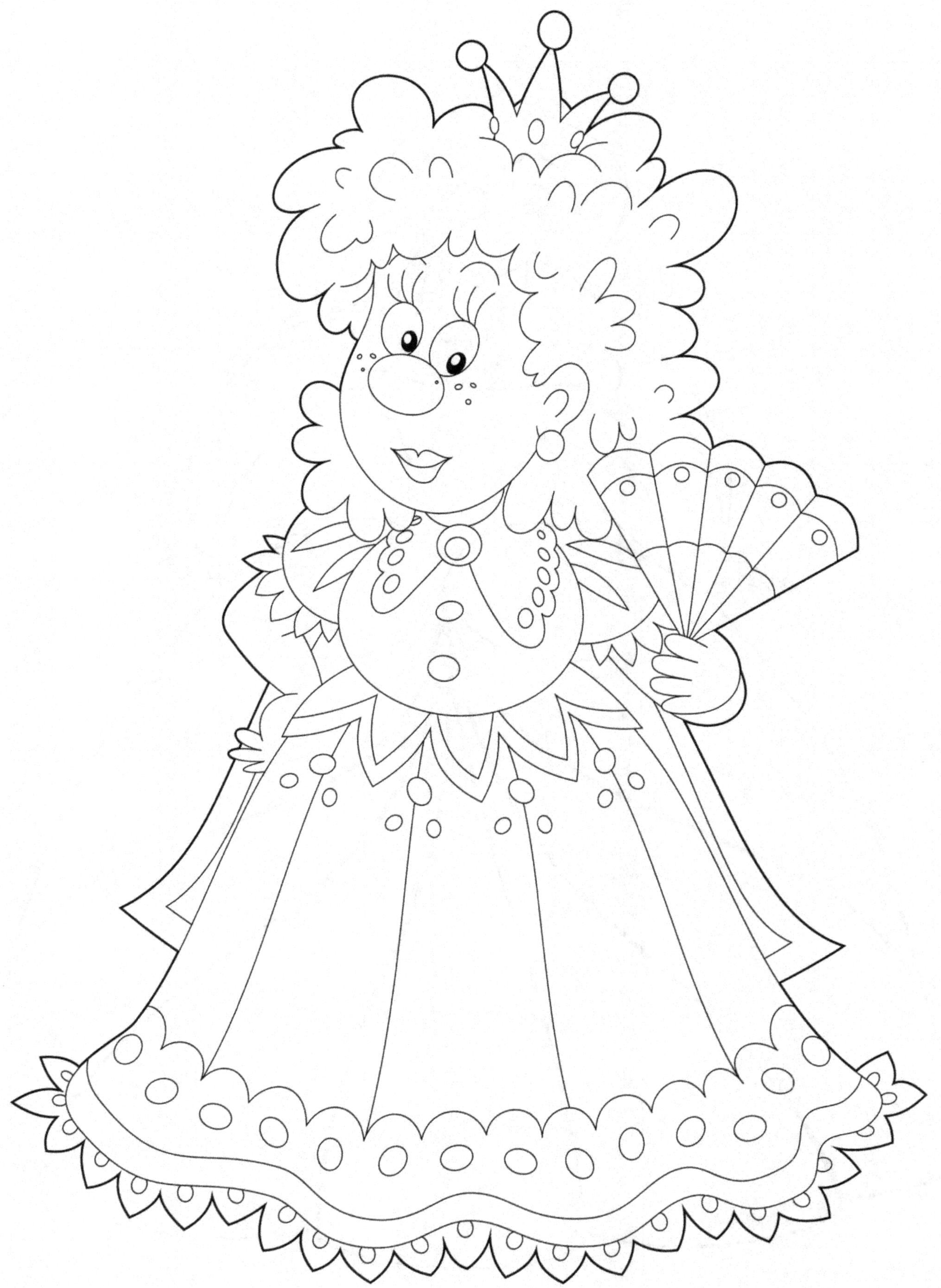

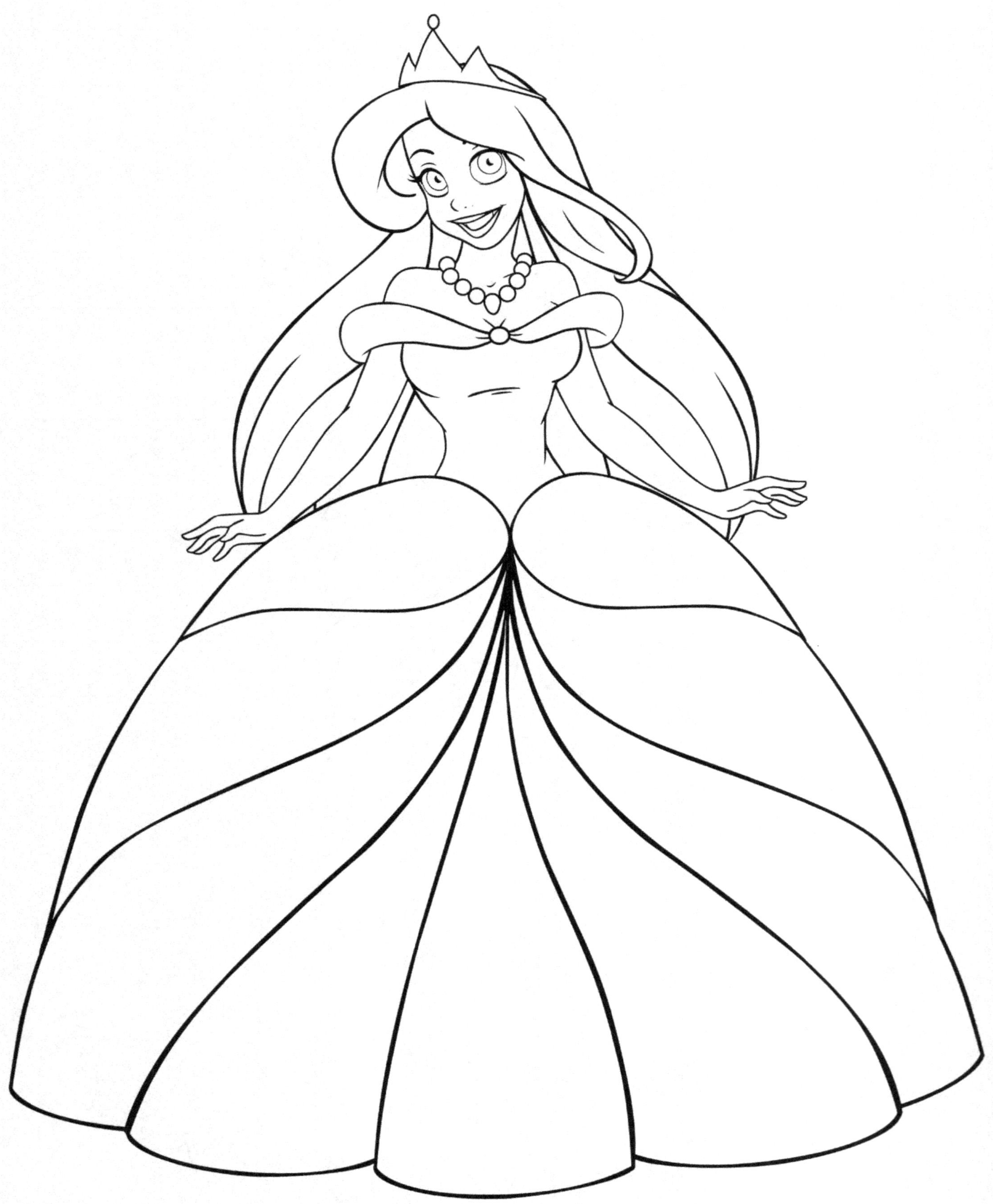

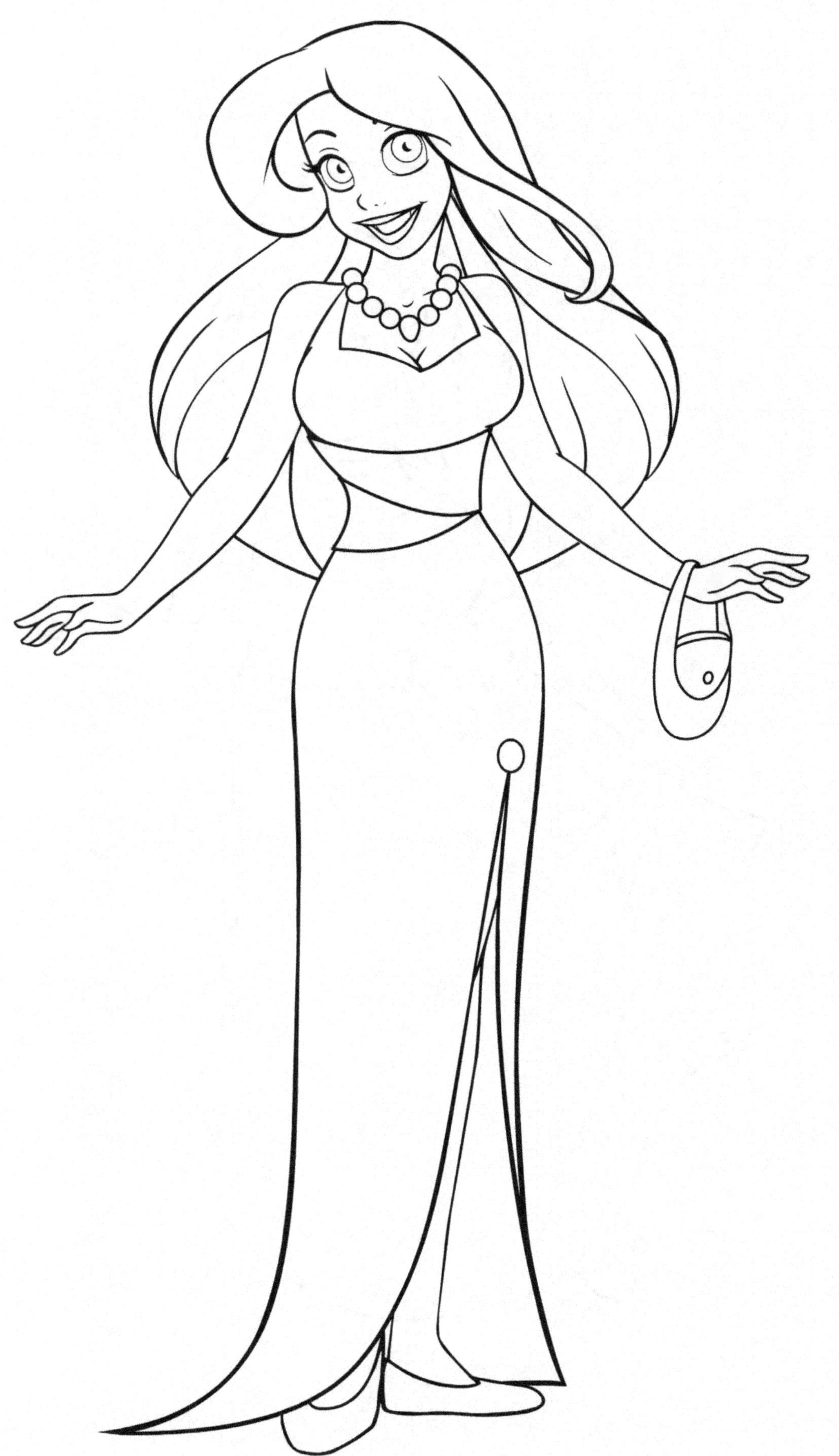

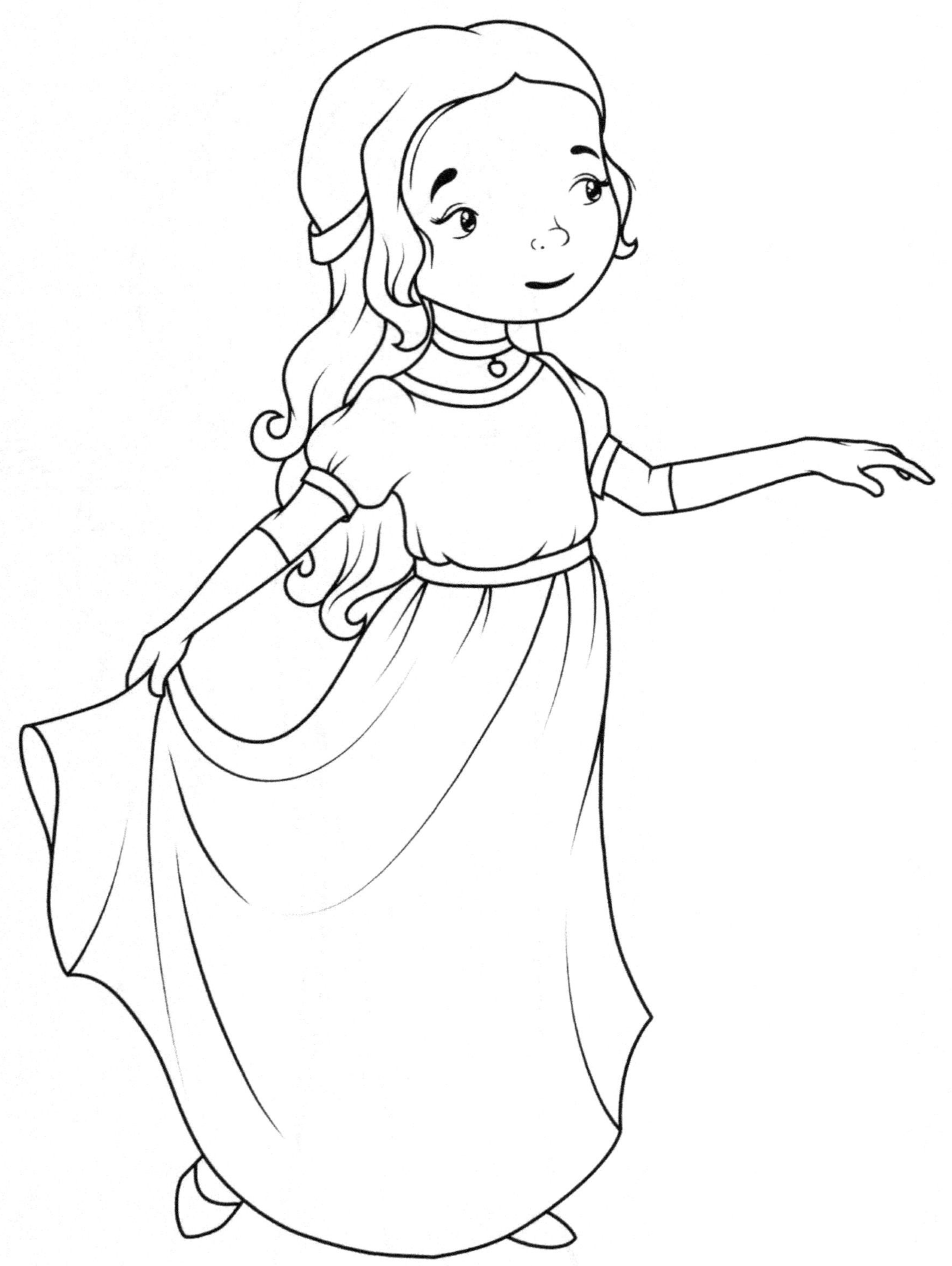

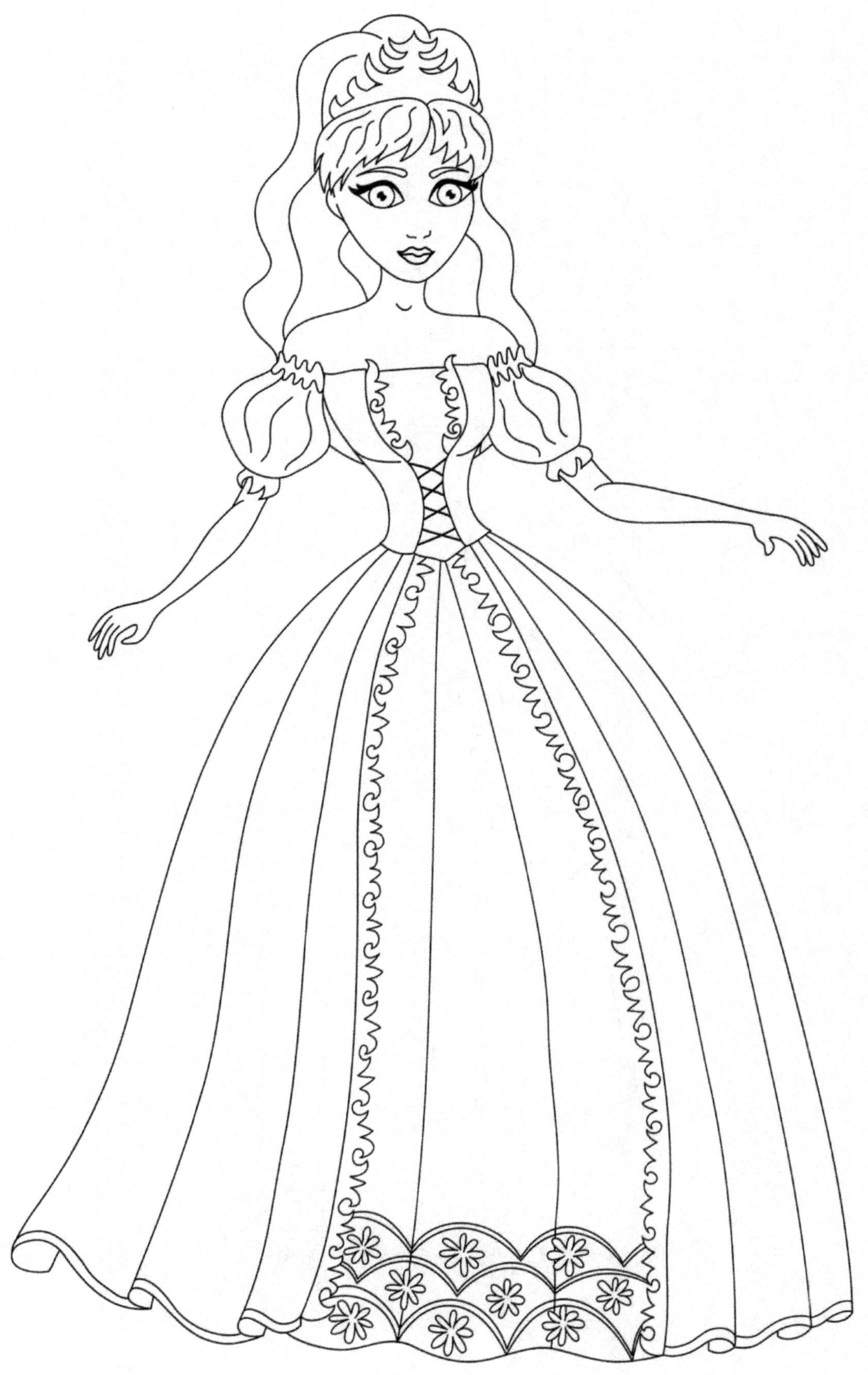

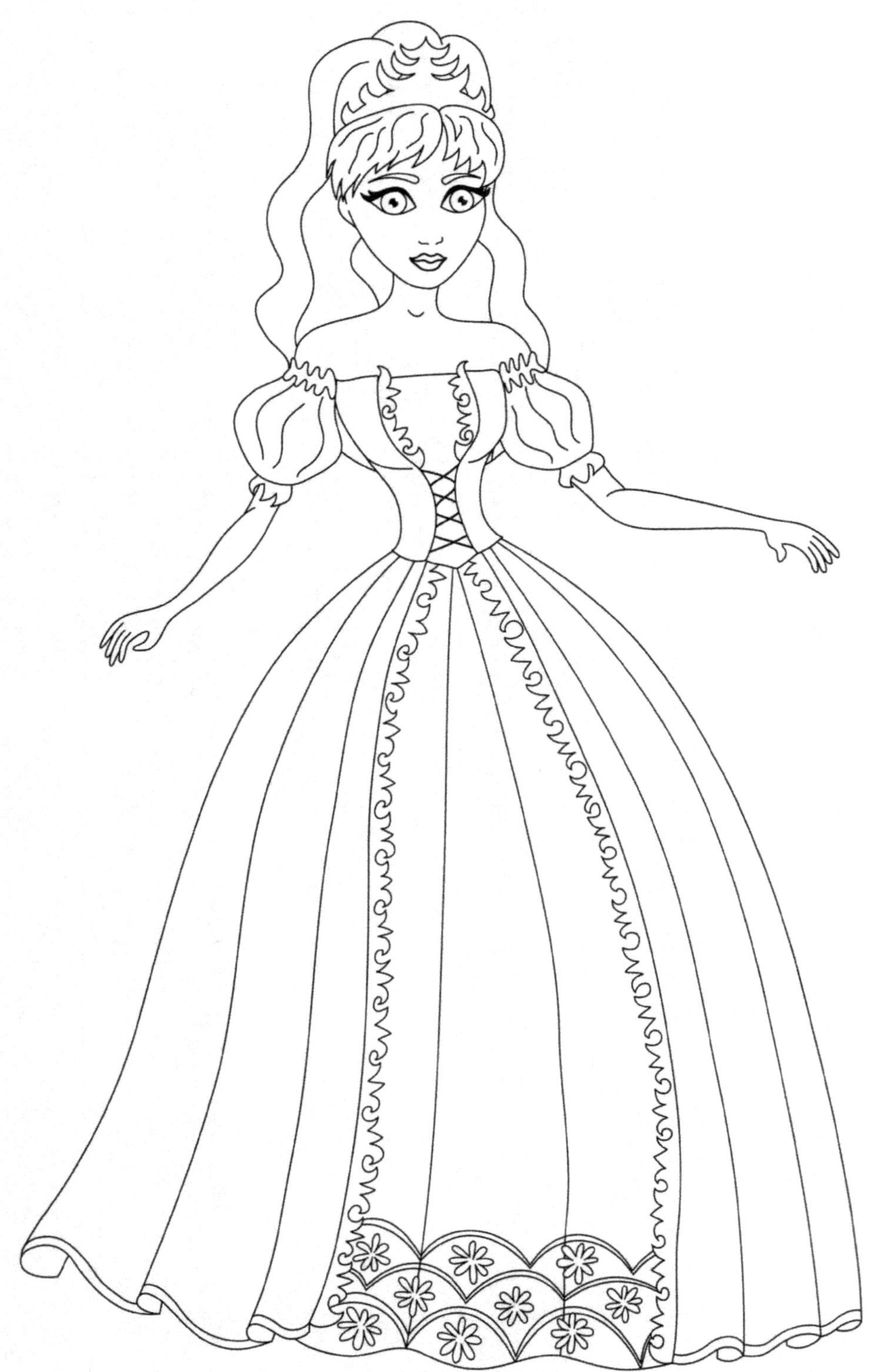

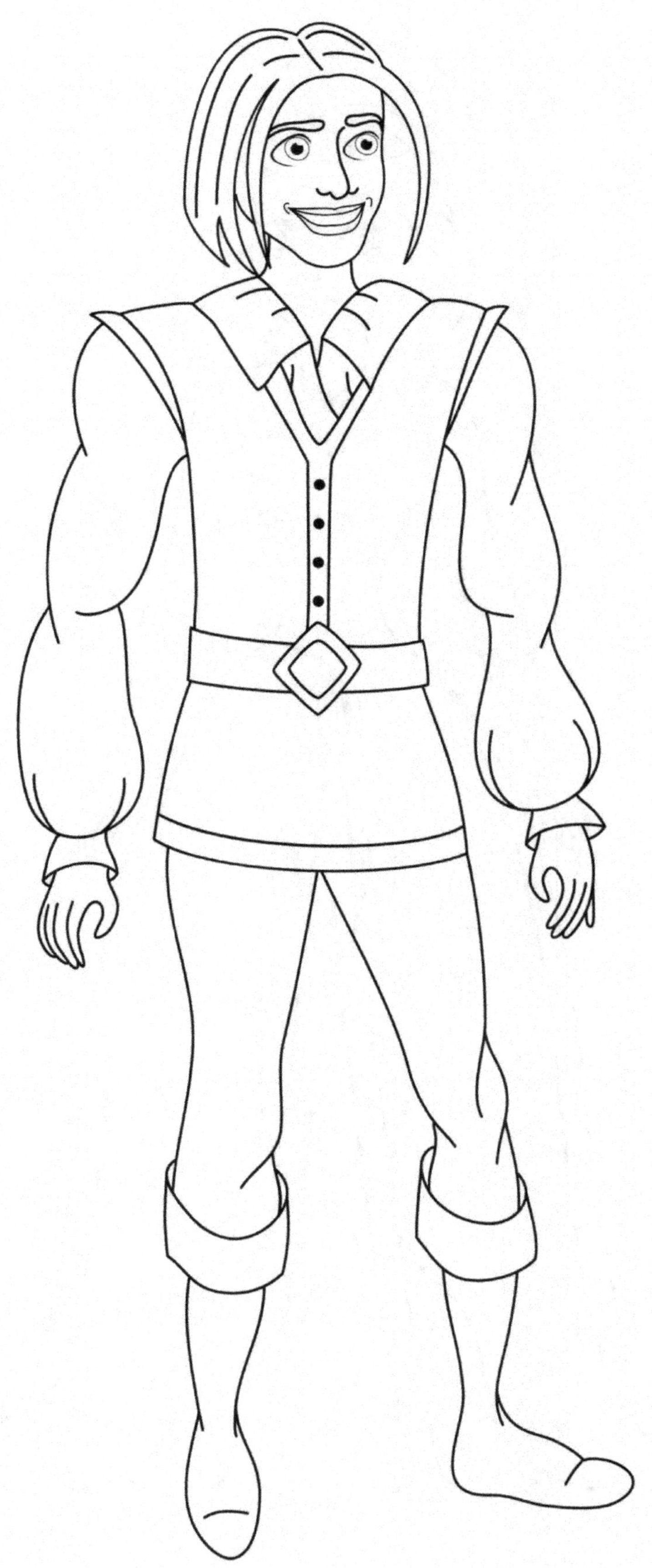

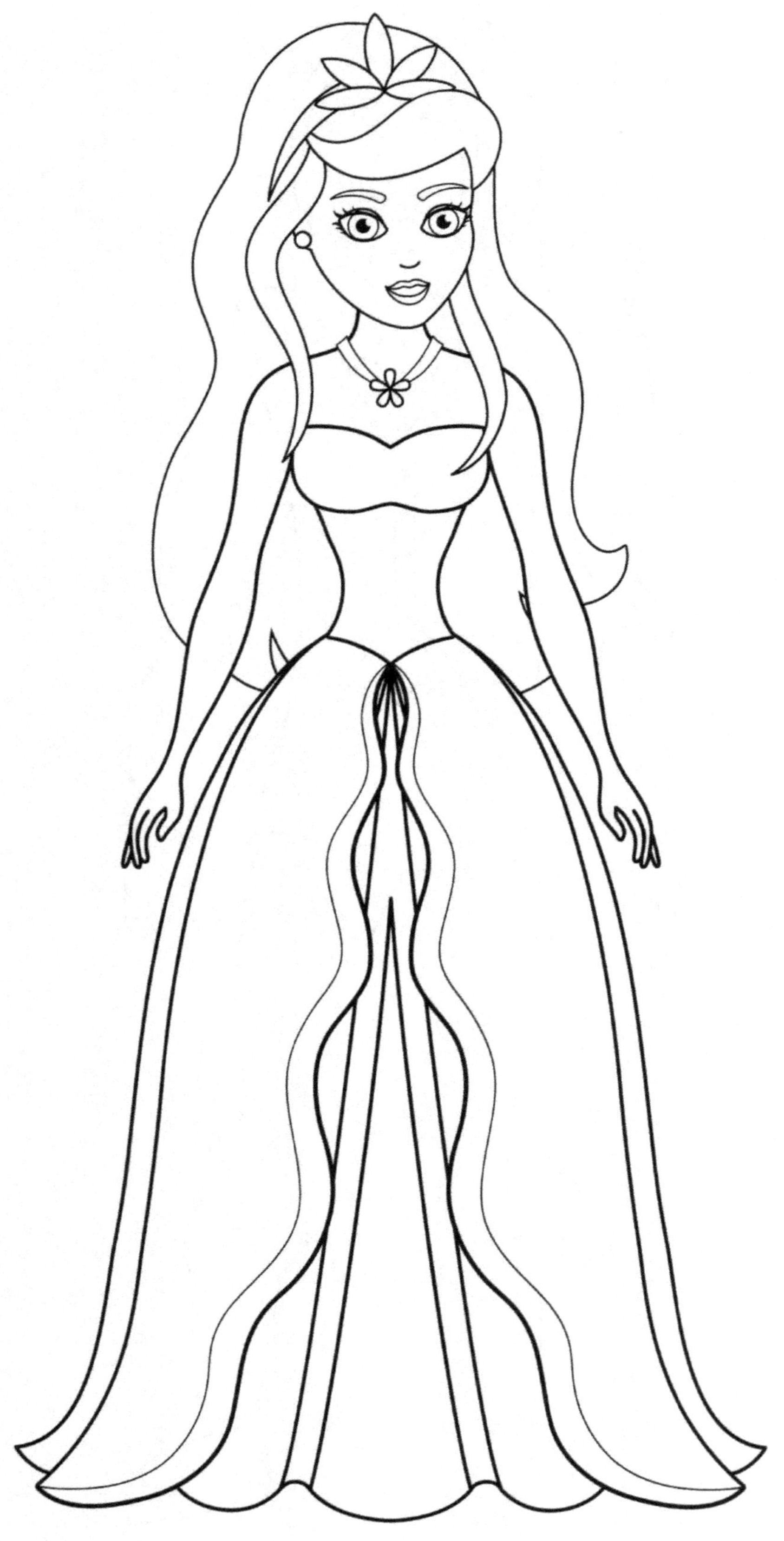

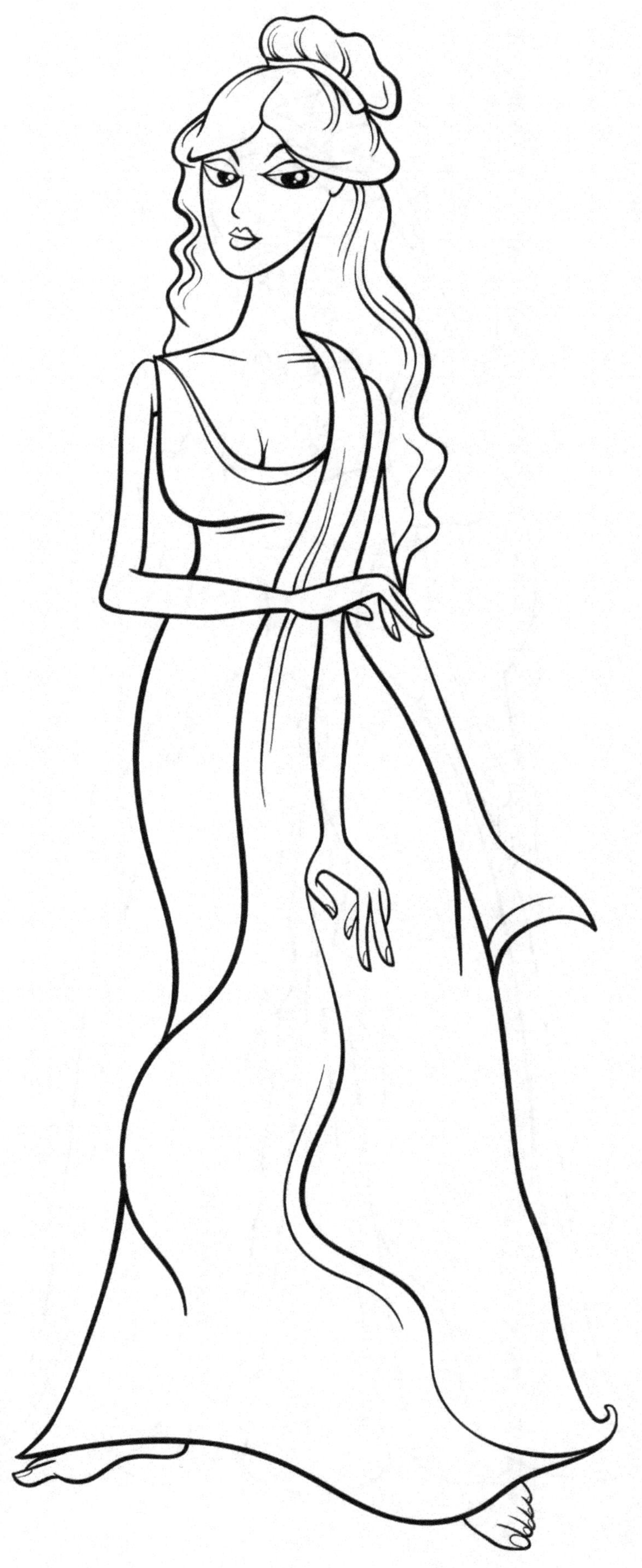

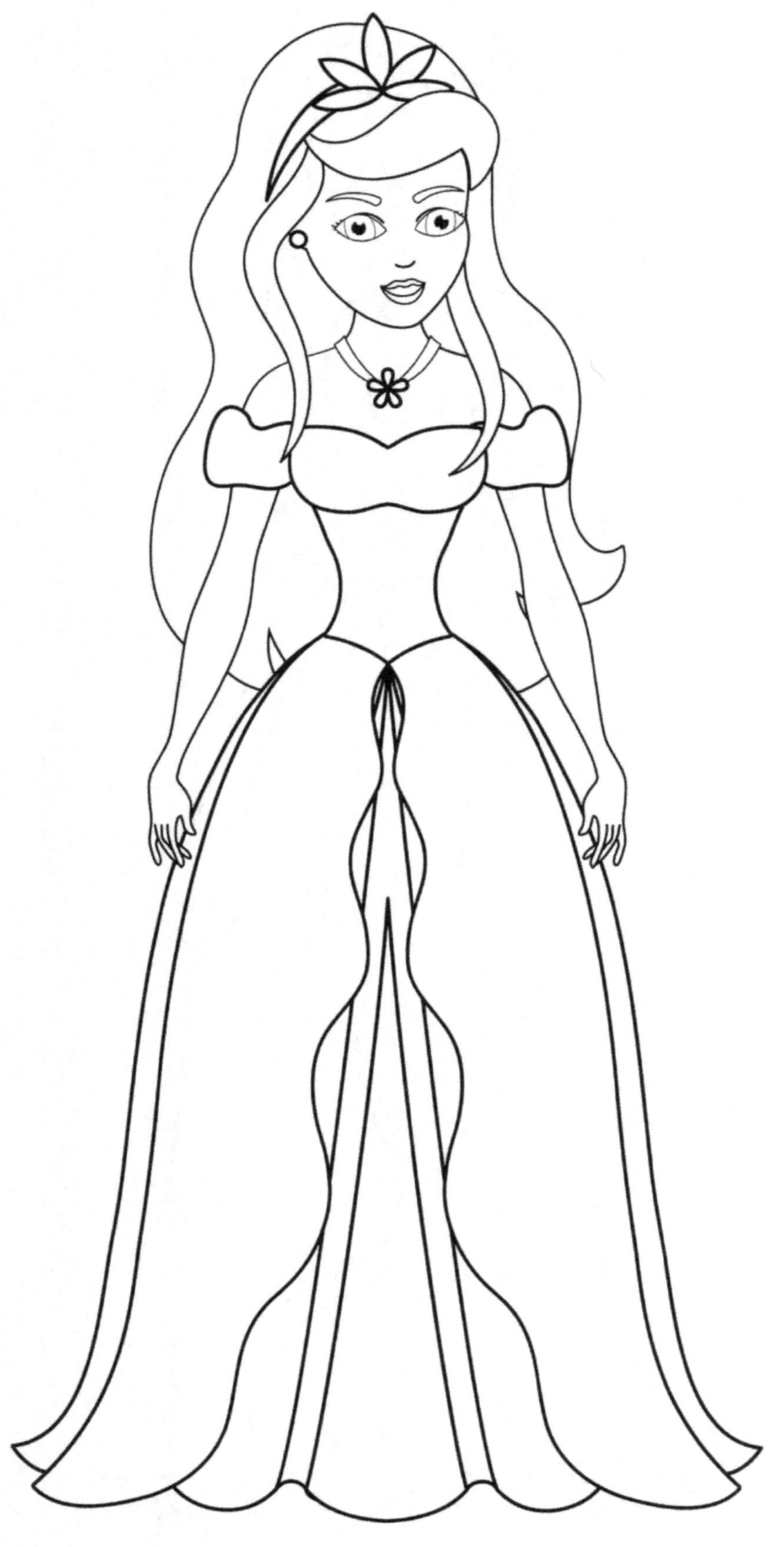

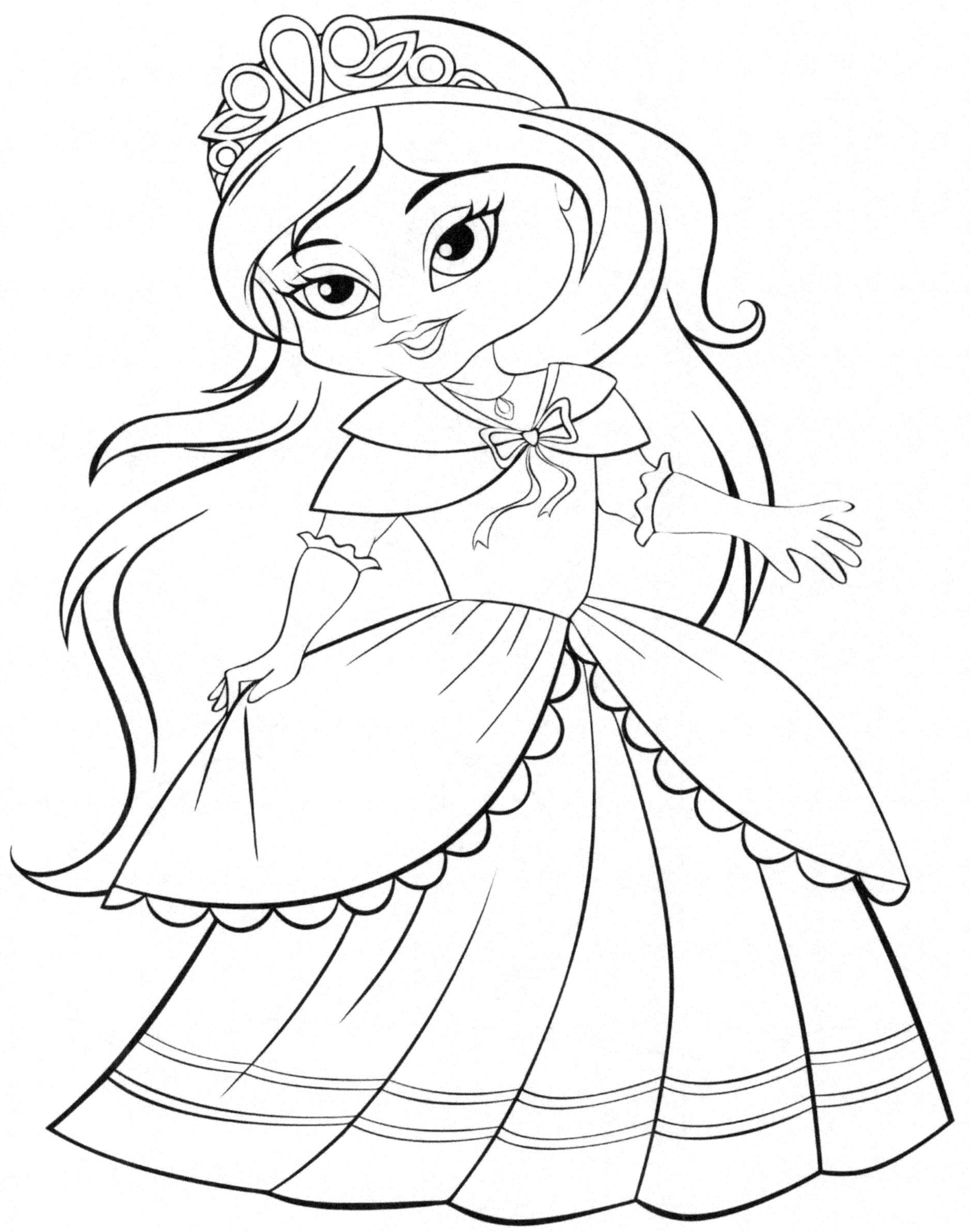

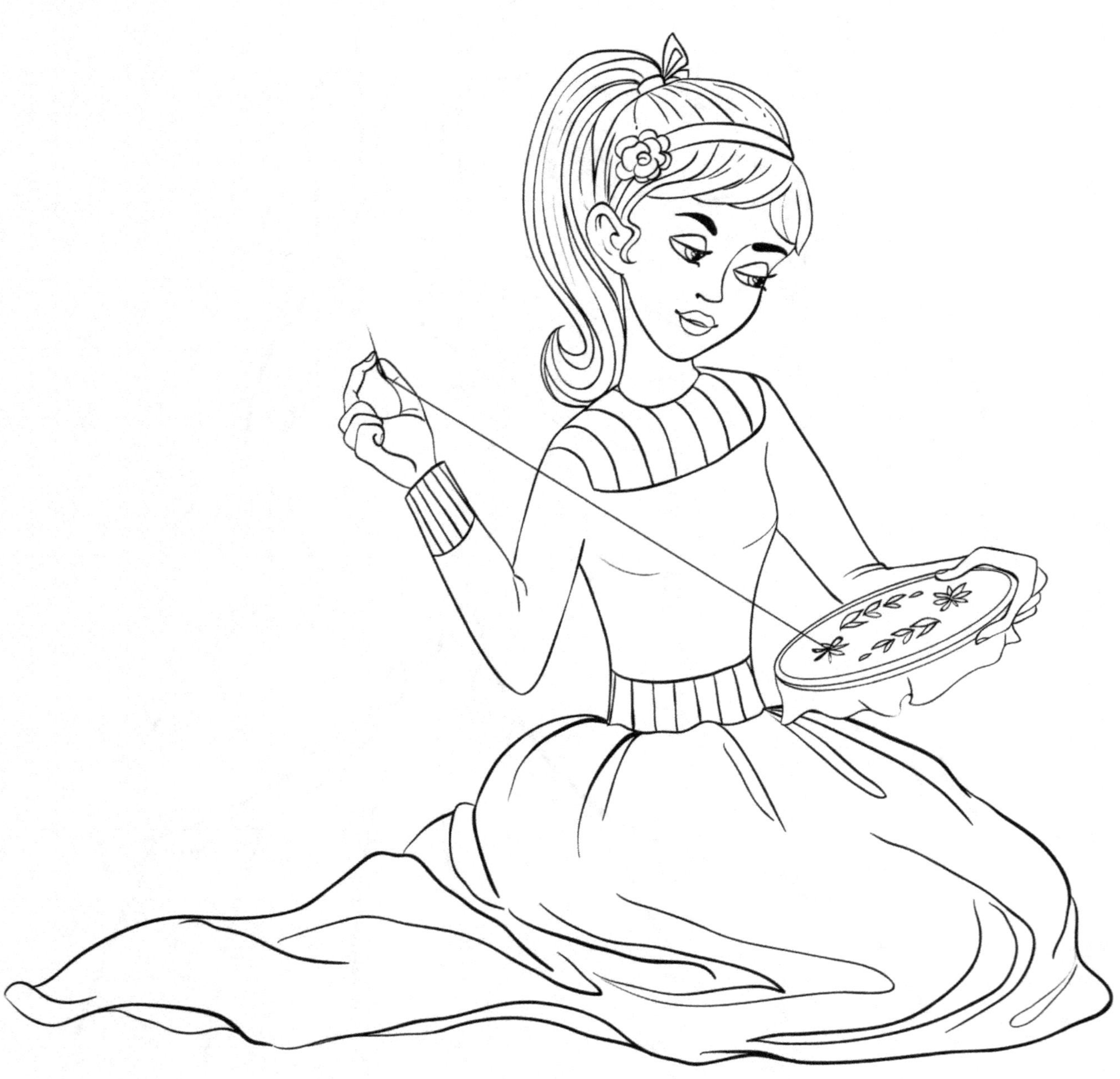

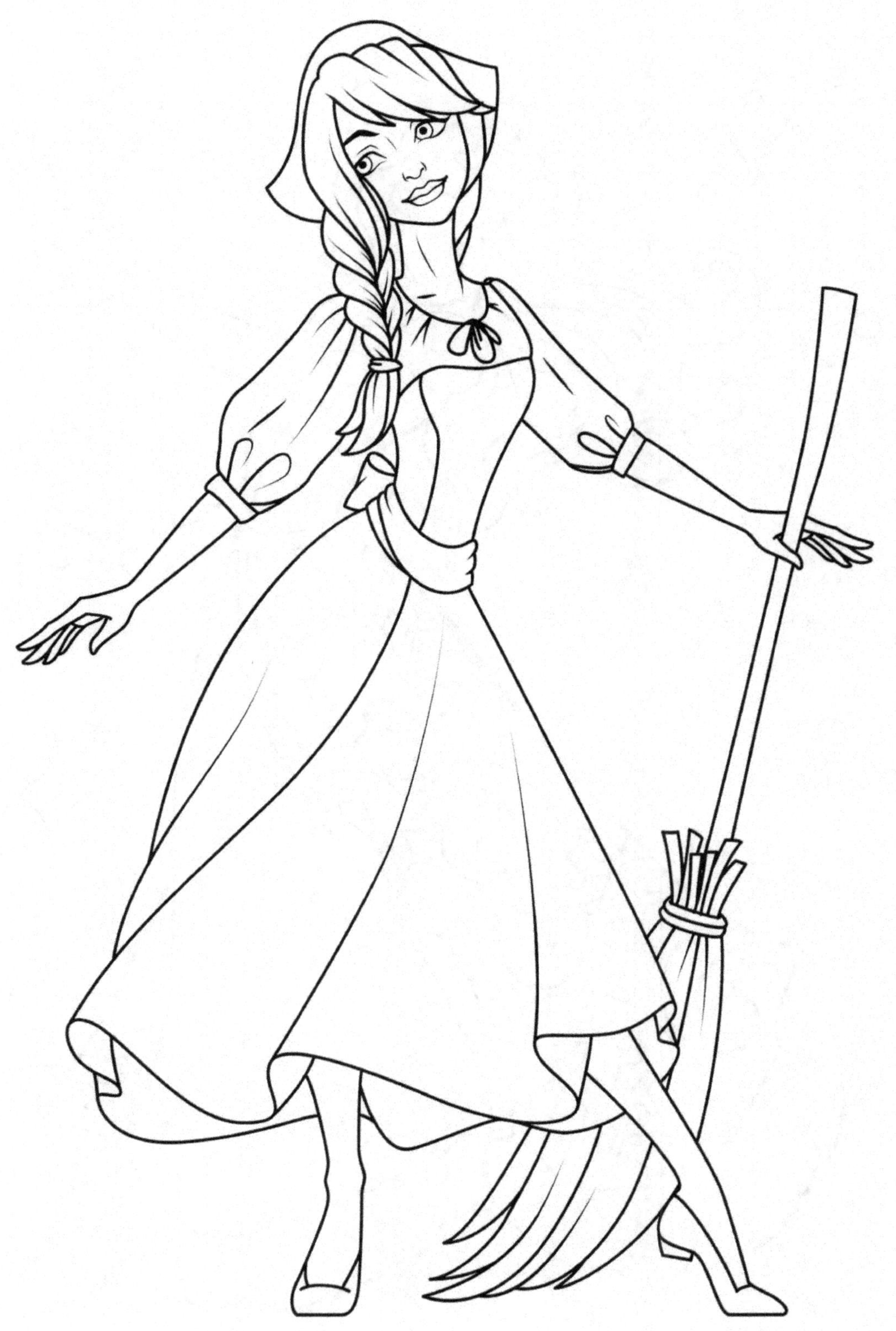

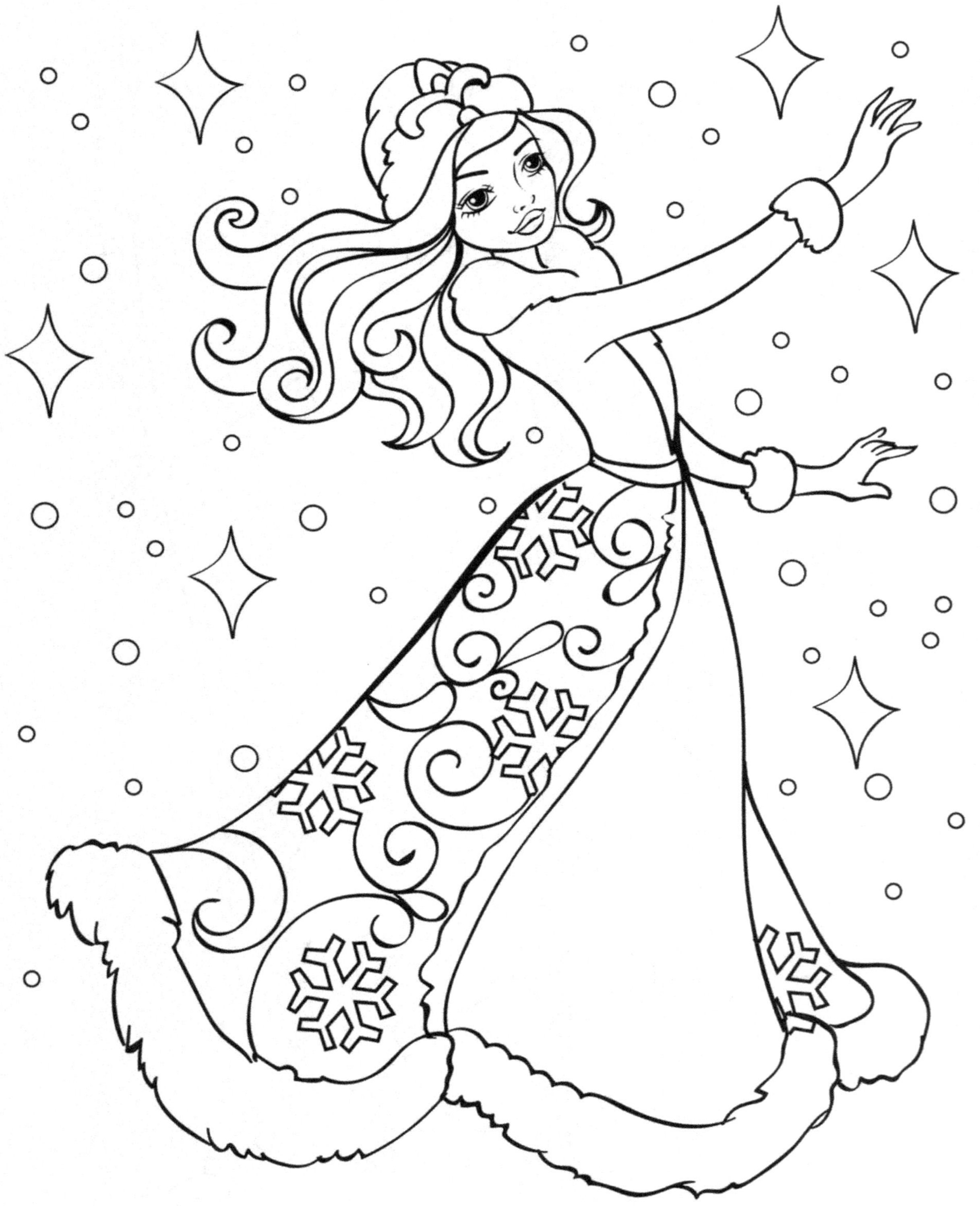

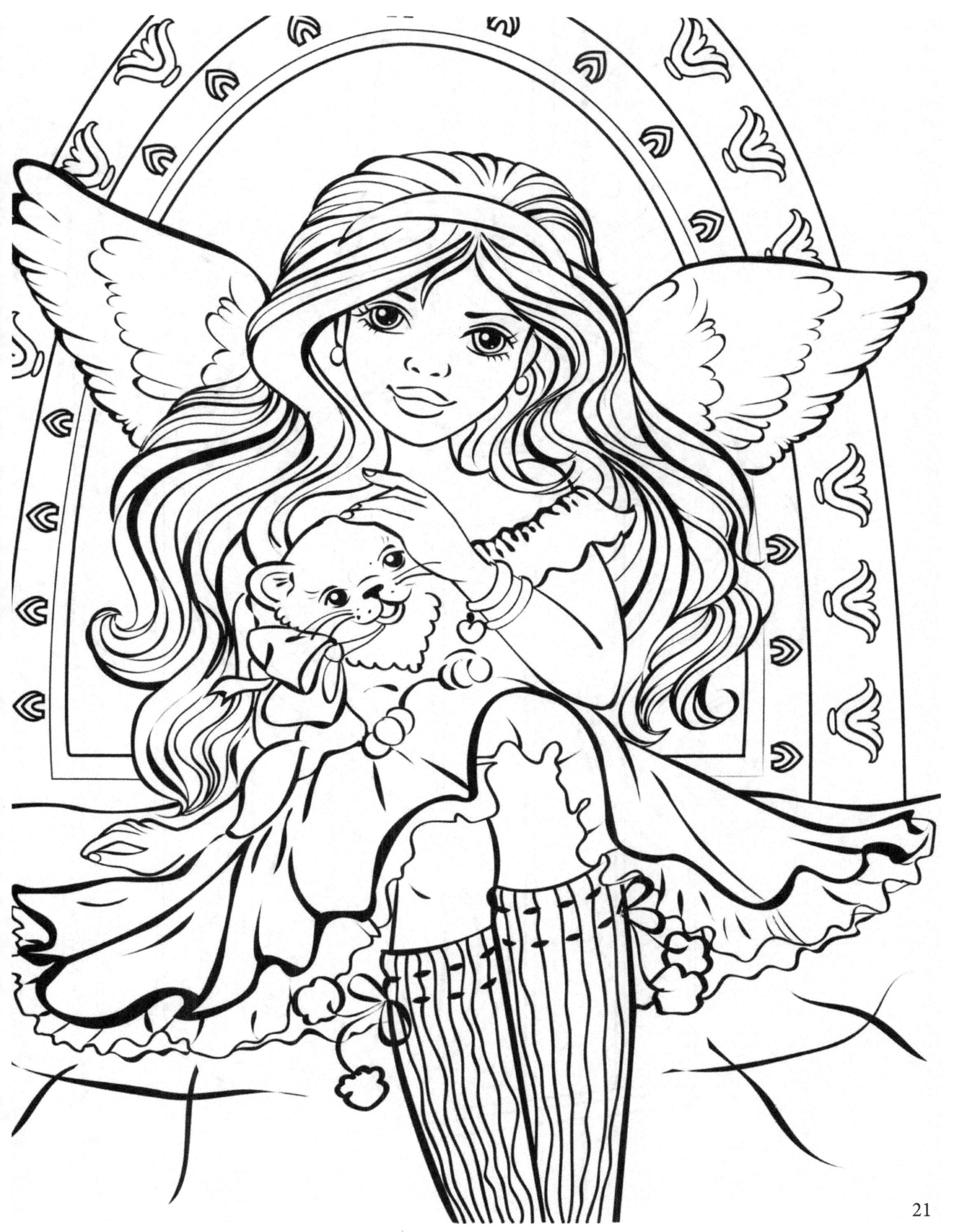

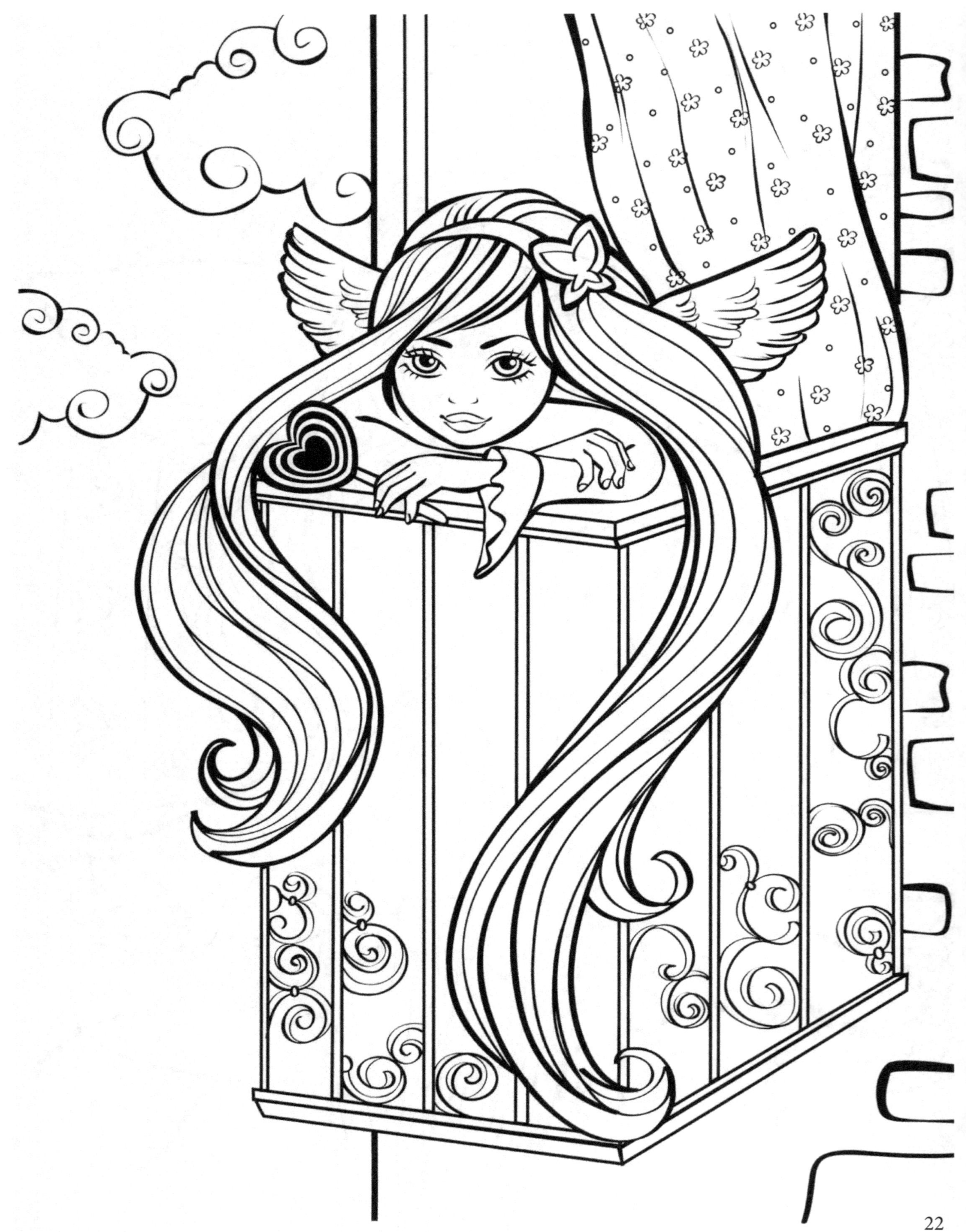

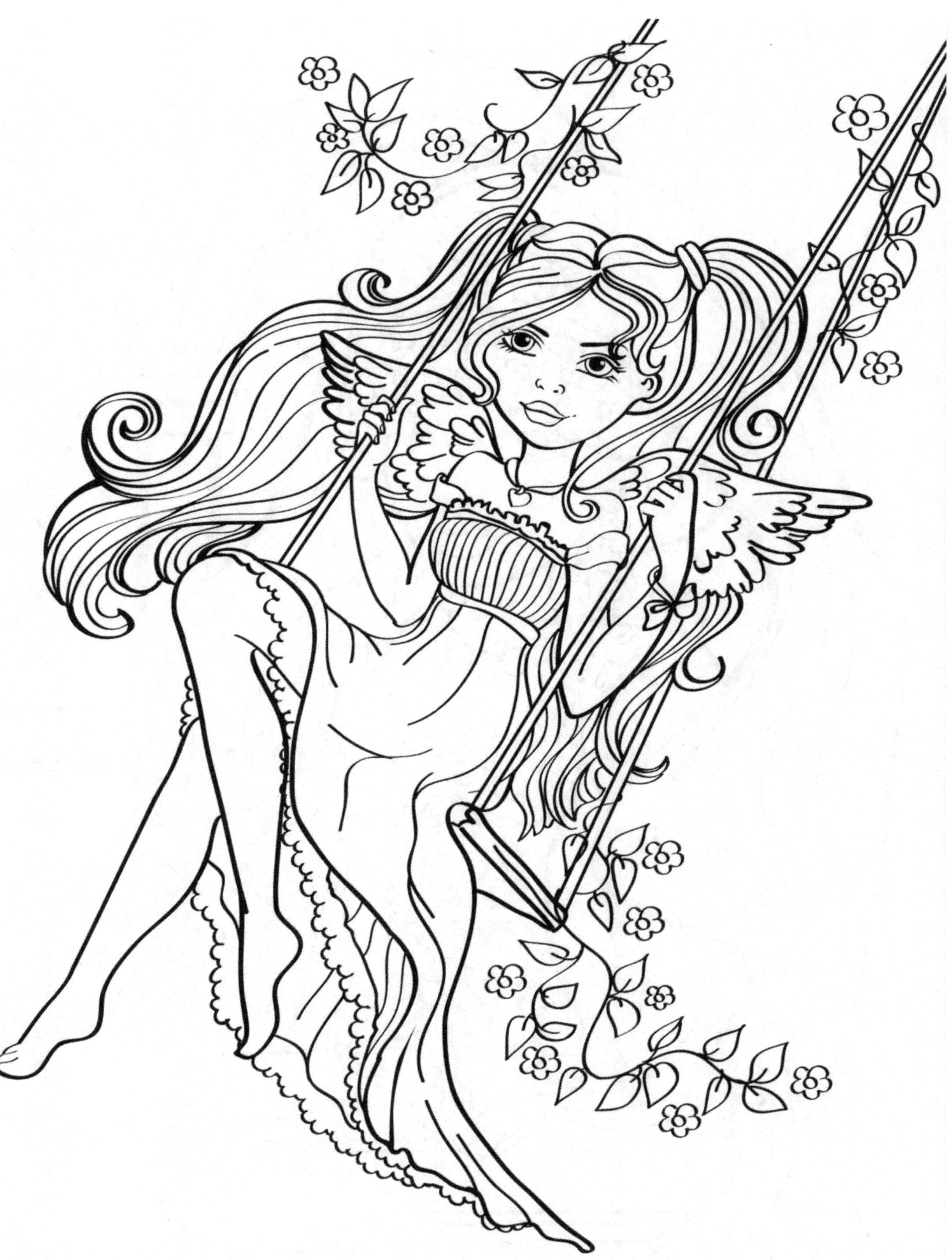

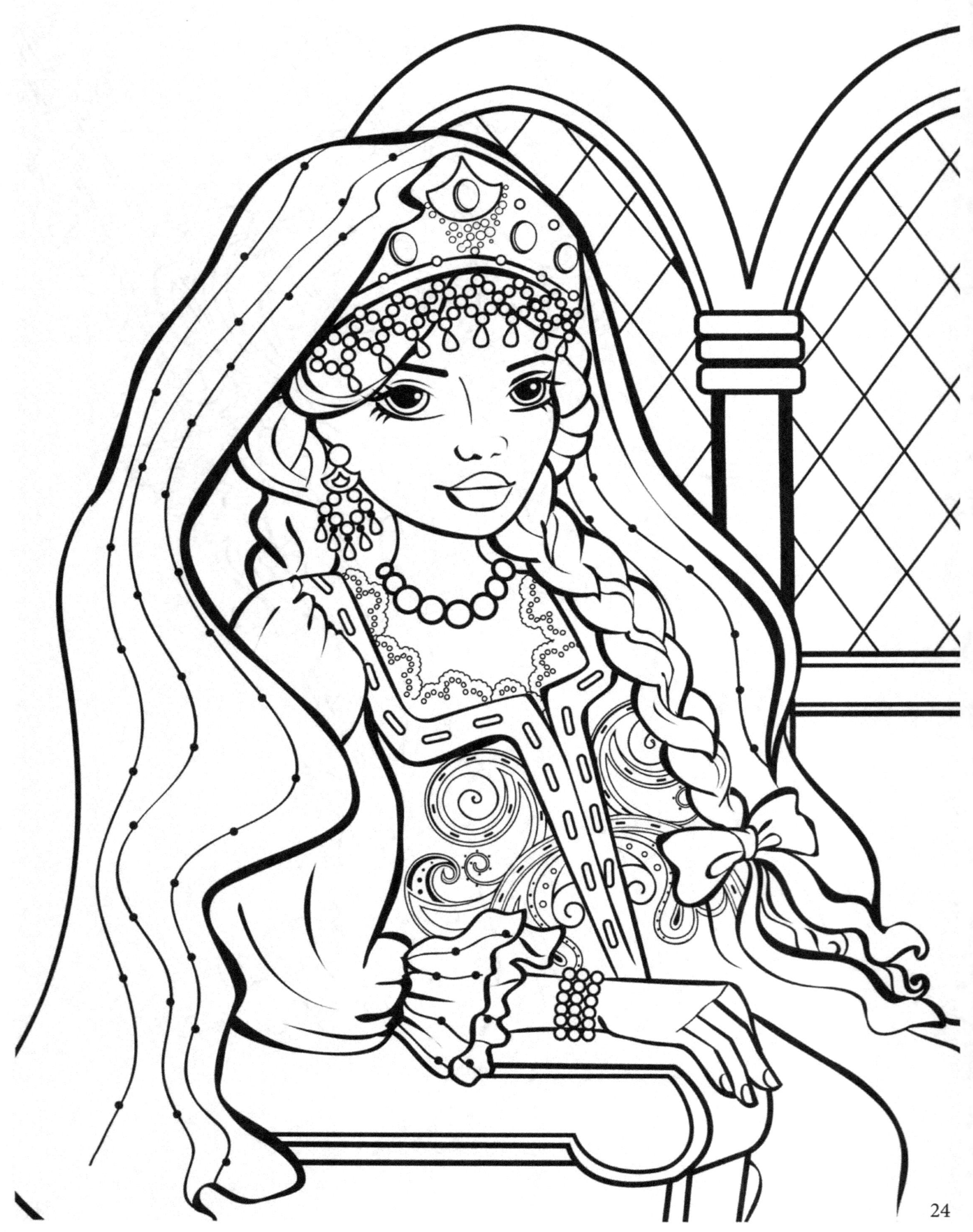

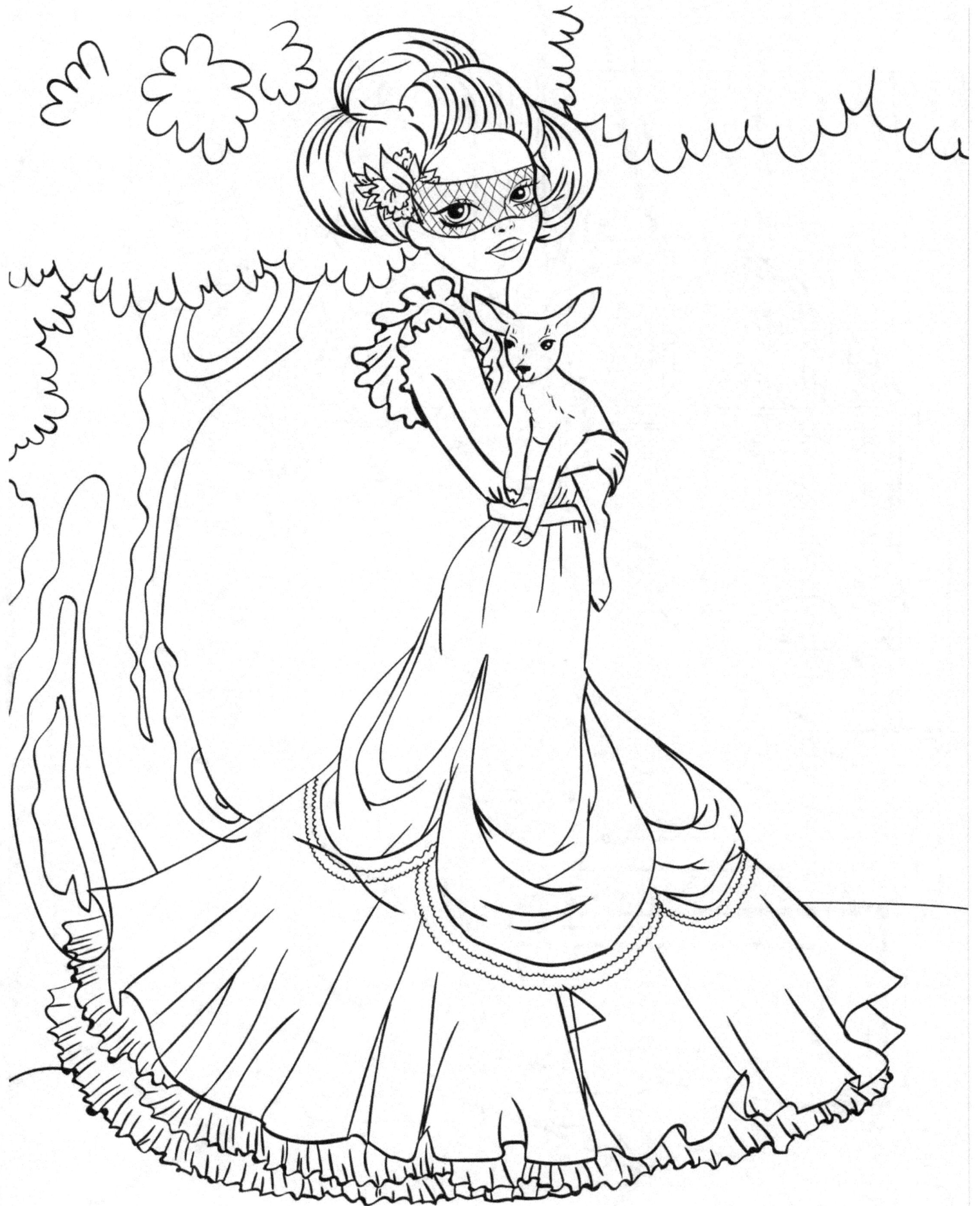

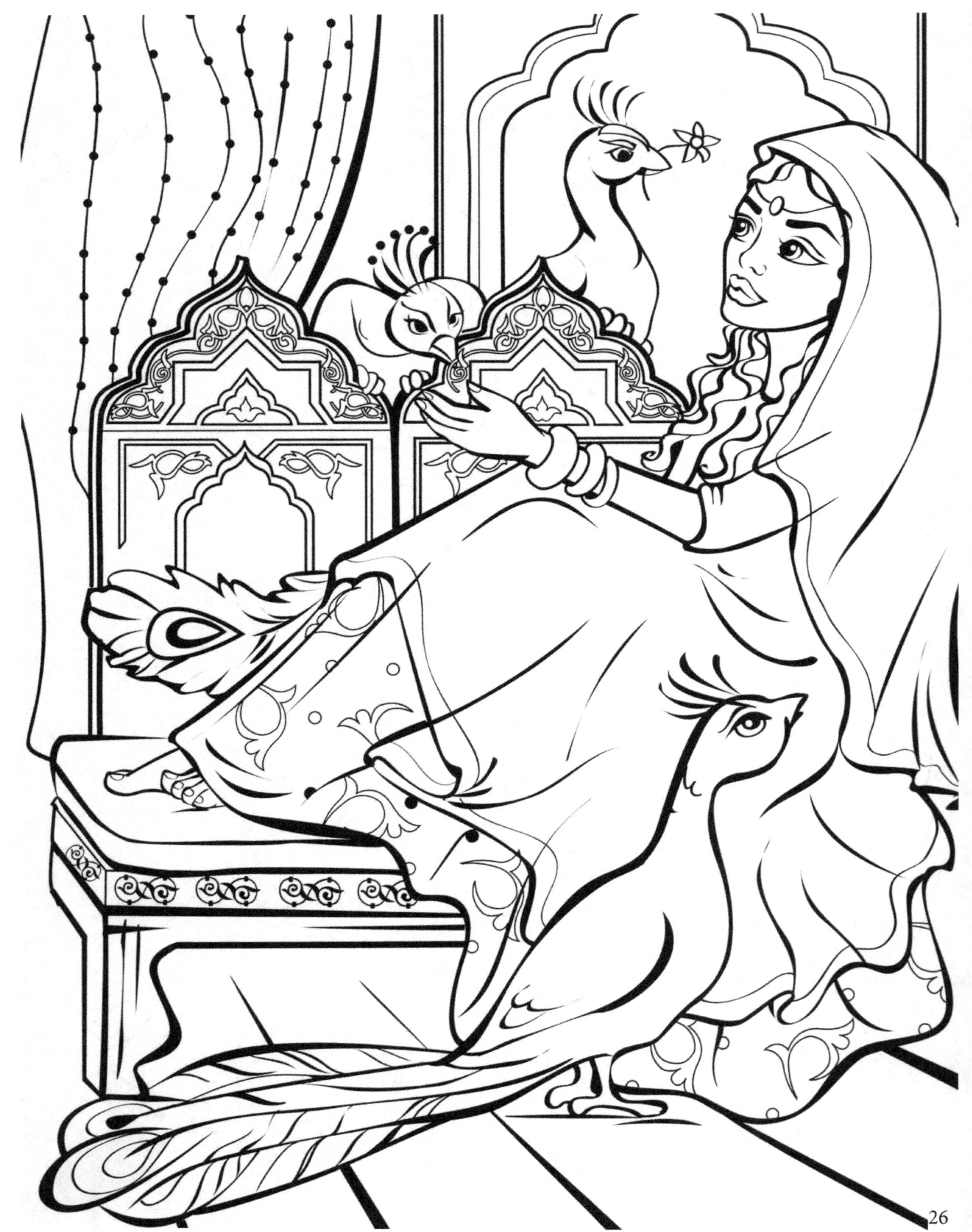

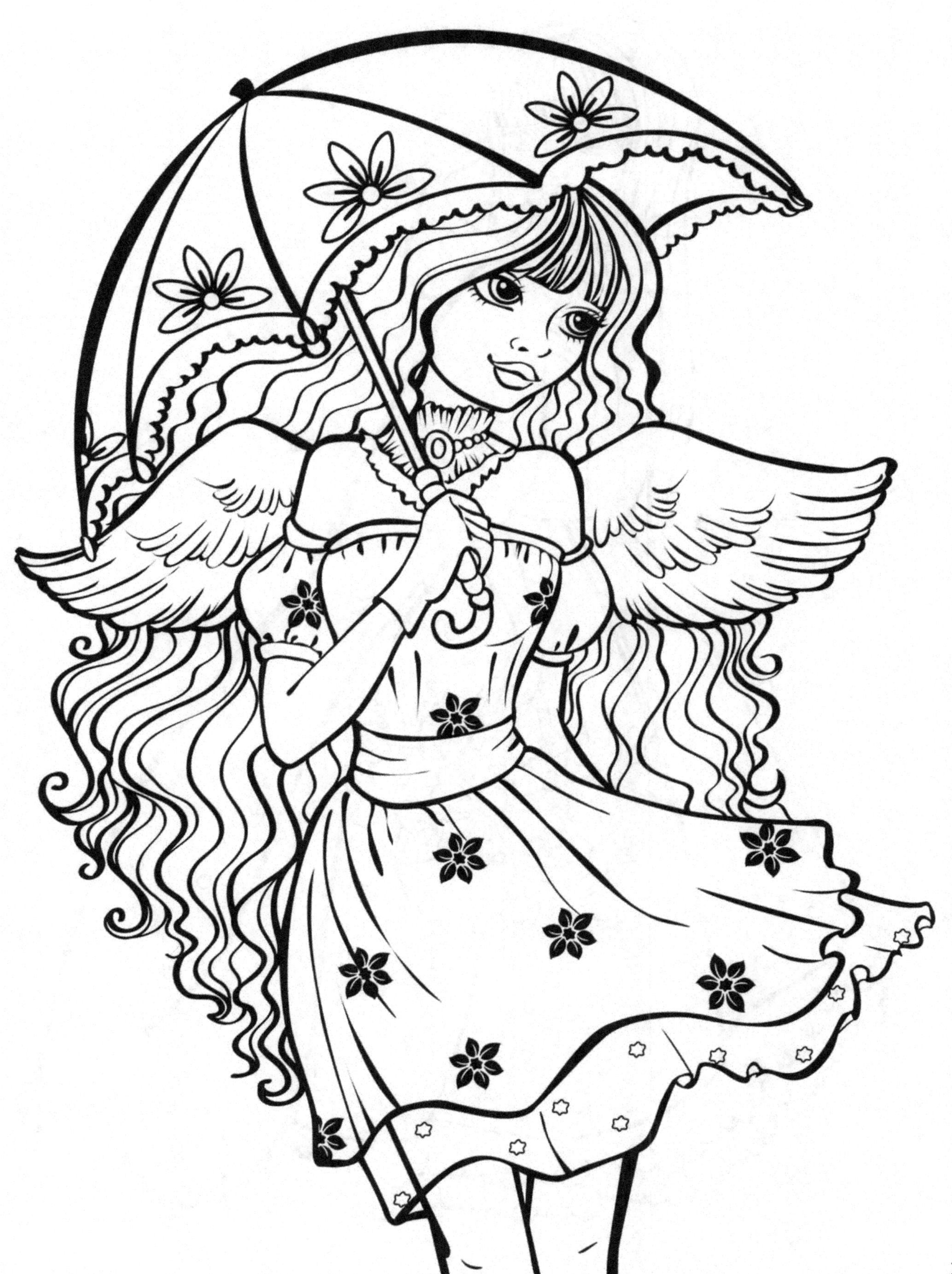

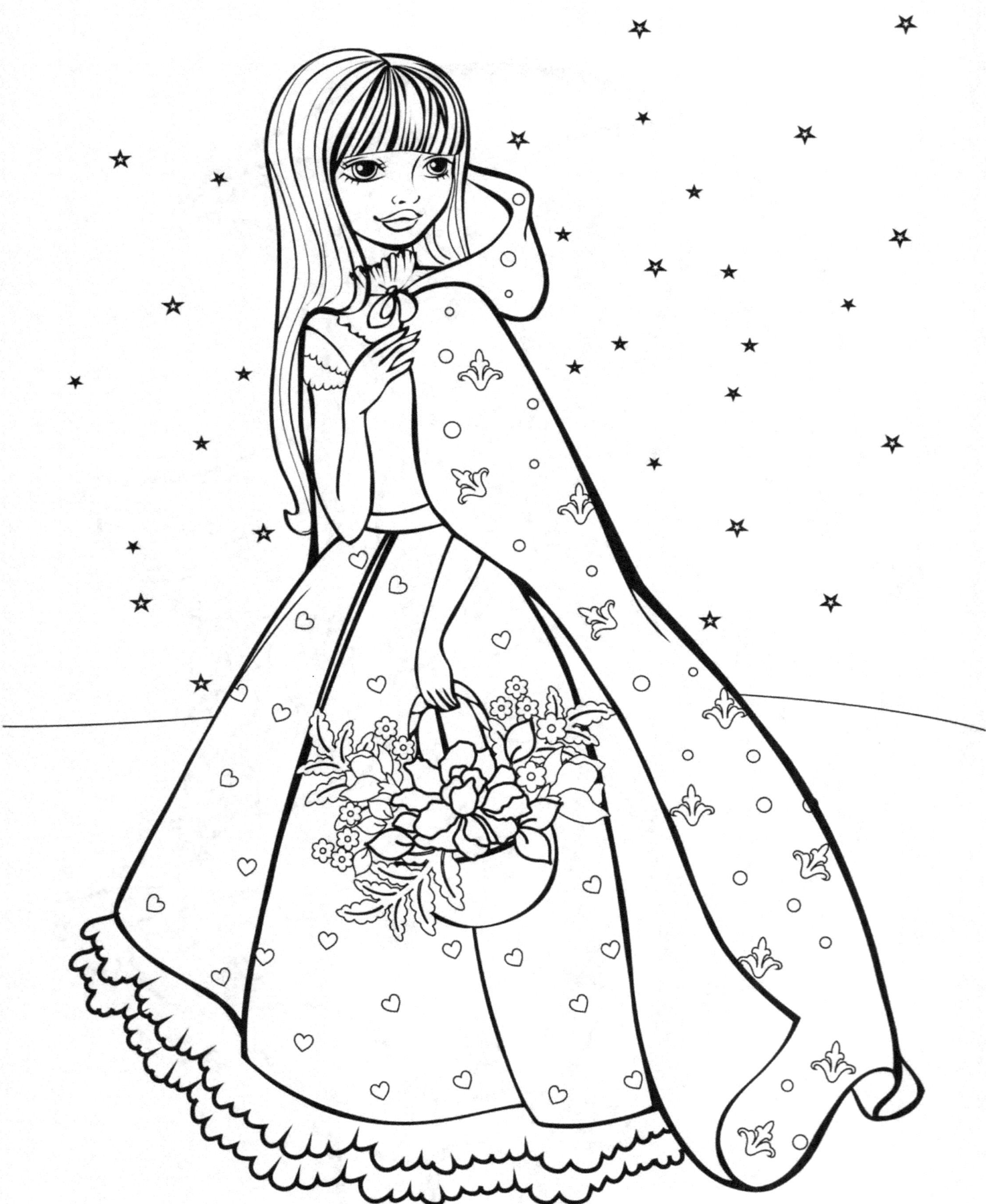

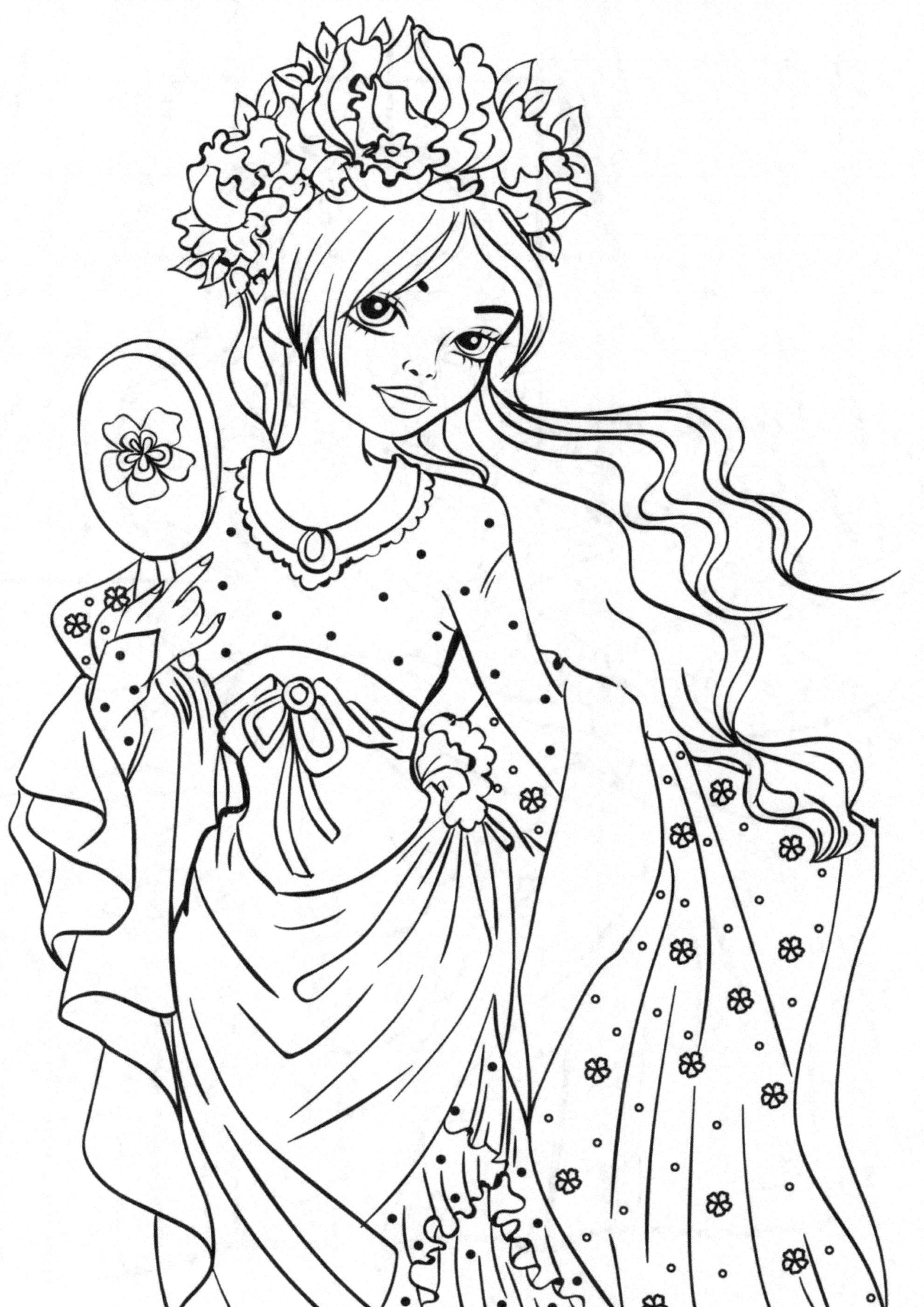

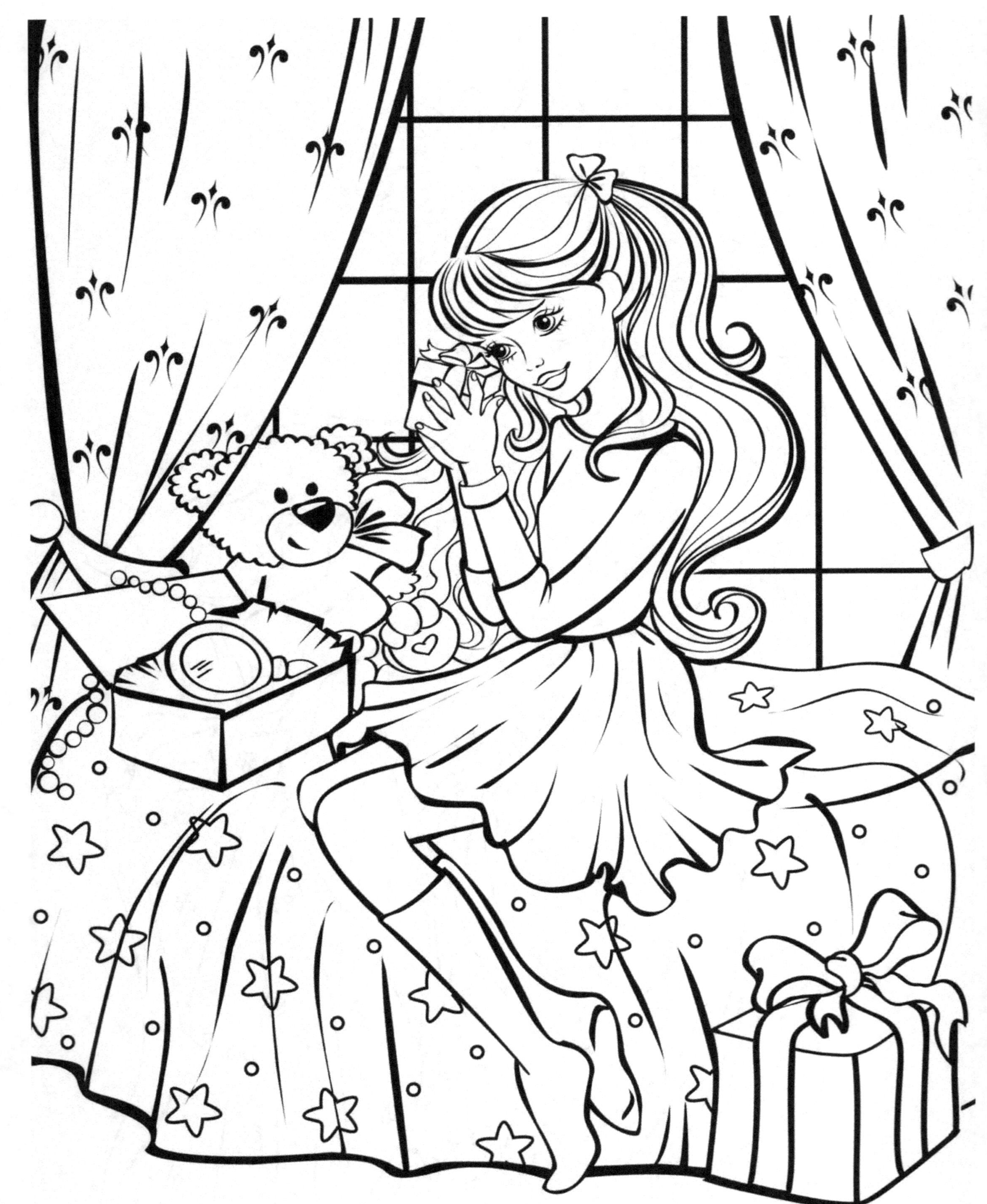

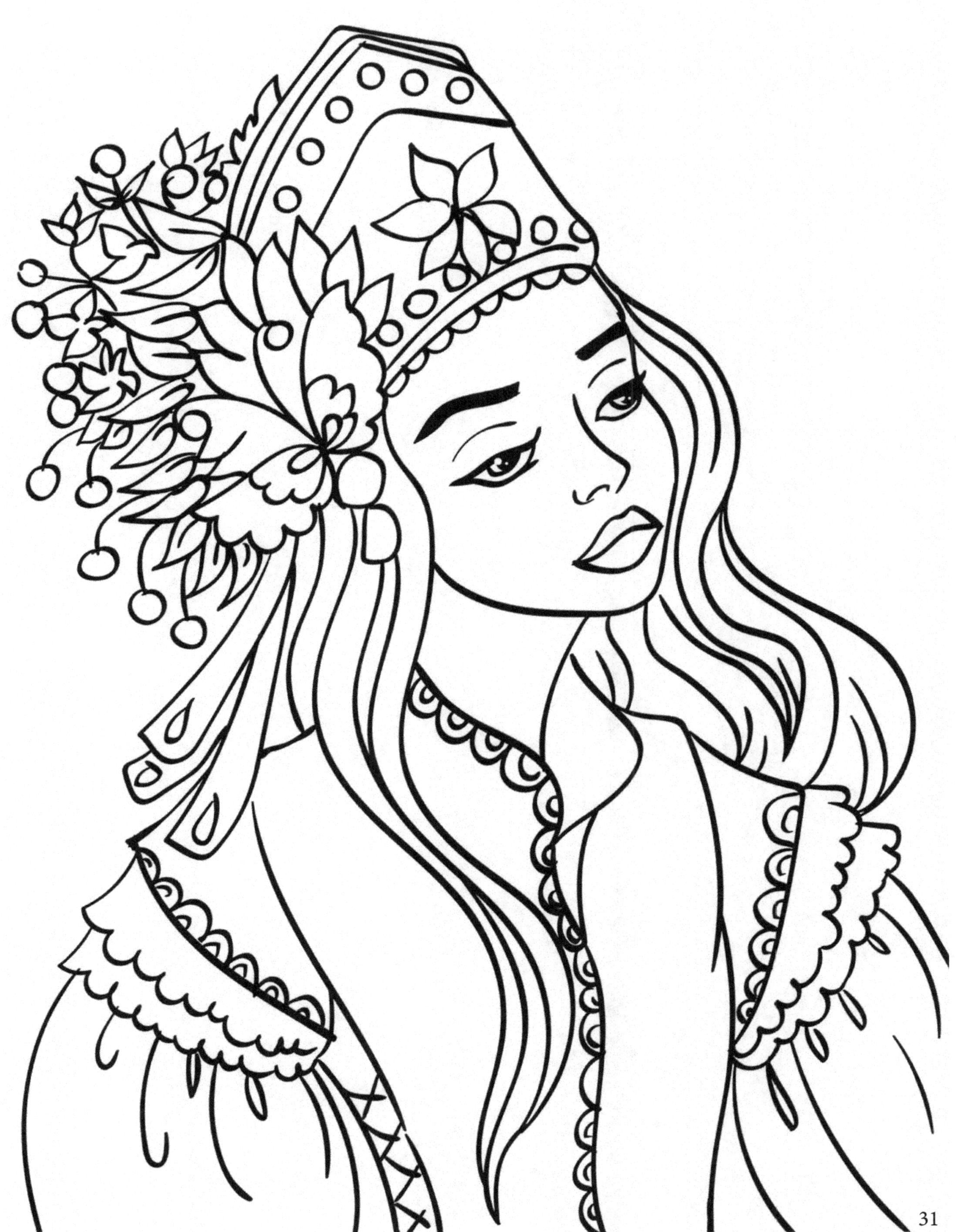